일본에 남은 문화강국 백제의 발자취 Ⅰ

한류 열풍의 진앙지
일본 가와치 河內

양기석, 노중국 외

주류성

한류 열풍의 진앙지
일본 가와치 河內

양기석, 노중국 외

프롤로그

〈제1부〉

백제인의 후예
가와치 지역을 답사하다

〈제2부〉

백제계 도왜인들이
건설한 신천지 가와치 지역

프롤로그

일본 속의 백제문화를 찾아서

양 기 석(충북대학교 명예교수)

삼국 중 '백제' 하면 나약한 이미지가 떠오르게 된다. 한때 강력한 중장기병으로 만주지역을 휘어잡고 기개를 천하에 떨쳤던 고구려나, 삼국 통일을 이루어낸 신라처럼 강한 군사적 이미지로 우리에게 크게 어필하지 못하고 있다. 그러나 이것은 사실이 아니다. 최근 우리나라와 일본의 주목할 만한 고고학적 연구 성과를 바탕으로 고대 동아시아 문화교류의 허브 역할을 했던 백제의 실체가 새롭게 드러나고 있다. 백제는 중국 남북조의 선진문화를 되새김해 신라와 가야는 물론 고대 일본의 아스카 문화에 지대한 영향을 미친 것으로 알려졌다. 실제 백제는 한반도 항쟁의 역사에서 막강한 고구려에 필적할 수 있는 중심 세력이었고, 국제교류를 활발히 하여 동아시아에서 해상 강국, 문화 강국을 지향하던 큰 나라였던 것이다.

국제교류는
백제의 큰 자산이다

우리나라 역사상 '융합과 소통'을 국가의 성장과 발전의 원동력으로 삼은 대표적인 나라로는 단연 백제를 꼽을 수 있다. 백제는 한반도의 서남부에 위치하면서 바다에 둘러싸여 있고, 산맥과 강에 의해 형성된 분립적인 자연환경을 극복하고 일찍부터 대내적 융합과 대외교류를 중시하면서 열린 다문화 사회와 해상 강국을 지향한 나라였다. 백제는 강과 바다로 열린 지리적인 조건을 십분 활용하여 선진 문화의 수용과 교류 및 전파의 젖줄로 삼았던 것이다. 이처럼 백제가 활발한 대외교섭에 나서게 된 것은 왕권 강화를 통한 정치적 안정과 격화되어 갔던 고구려와의 항쟁에서 우위를 차지하기 위해서였다.

개방성과 다양성이 백제 발전의 원동력이다

백제는 외래문화에 대해 상대적으로 문호가 개방된 사회였고, 외국에서 건너 온 이방인들을 백제 국가 발전에 적극 활용할 정도로 개방성이 돋보이는 나라였다. 중국사서인 『수서』 백제전에는 백제에는 신라인, 고구려인, 중국인을 비롯하여 왜국인도 함께 거주하고 있었던 사실을 기록하고 있다. 이들은 일반 백제인들과는 달리 종족별로 특별히 관리되고 있었을 정도로 어느 정도 종족 정체성을 유지했던 것이다. 이와 관련하여 부여 궁남지에서 발견된 목간의 '부이(部夷)'라는 기록이 주목된다. 부이는 귀화인의 집단 거주지를 뜻하는 것으로 사비도성 안의 서부 후항에 귀화인들의 특별 거주지가 설정된 사실을 보여주고 있다.

이처럼 백제에는 다양한 계통의 사람들이 함께 어우러져 살았고, 종족적·문화적 정체성 역시 다양했음을 알 수 있다. 백제는 외래 인적자원을 적극 활용함으로써 국가 발전의 동력으로 삼았다는 점이 주목된다. 신라는 폐쇄

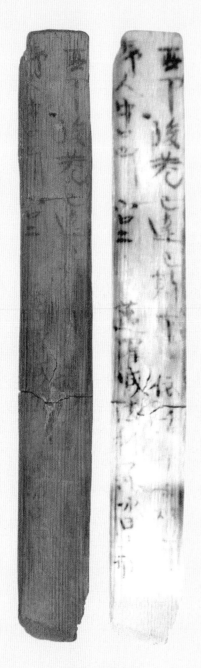

부여 궁남지 출토 목간

적인 골품제도를 운영함으로써 각 신분층간에 여러 제약이 뒤따라 신분간의 대립과 갈등을 불러일으켰다. 고구려는 다종족국가를 지향하면서도 자존적인 천하관에 안주한 채 중국과의 오랫동안 군사적 긴장관계를 유지해 오면서 전통성을 고수하는데 급급했다.

오늘날 우리 사회는 민주화·정보화·세계화가 급속하게 진행되면서 이념적으로나 세대간·지역간에 극단적인 대립과 갈등이 야기되고 있다. 앞으로 우리나라는 국가 경쟁력을 높여 세계무대에서 앞서가는 선진사회를 이루기 위해서는 사회 통합이 절실히 요구된다. 우리는 과거 백제가 지향했던 개방성과 다양성 즉 '융합과 소통'의 정신을 거울삼아 조화와 평화로 나아가게 하는 열린사회를 만들어야 할 것이다.

일본으로 뻗어나간 백제문화의 흔적들

백제는 역사적으로 일본열도의 왜국과 깊은 우호관계를 가졌다. 삼국간의 항쟁 과정에서 백제는 정치적으로 고구려나 신라를 견제하는데 왜국을 우군으로 활용하였고, 반면 왜국은 백제로부터 선진문물을 받아들여 고대국가를 만드는데 적극 활용해 나갔다. 지금도 일본의 오사카 지역에 가면 '백제천(百濟川)', '백제촌(百濟村)', '백제역(百濟驛)' 등 백제 사람들이 남긴 역사적 흔적과 숨결을 생생하게 느낄 수 있을 정도이다. 고대 일본은 백제와의 지속적인 교류를 통해 고대국가 수립과 고대 문화를 형성하는데 큰 토대가 되었다. 백제가 일본열도에 마한계 토기류를 비롯하여 백제계 기와와 전돌·부뚜막시설·대벽건물·장식대도·굴식돌방무덤(횡혈식석실묘) 등 권위를 과시하기 위한 위세품이나 장례용 의례품에서 생활용품에 이르기까지 다양한 문물을 전해 준 것으로 알려졌다. 이러한 문물 이외에도 토목·건축·불교·도교·율령·정치제도·문자생활과 유교적 교양 및 예술 등 각종 선진기술과 고급의 정신문화를 일본열도에 전해주었다. 고대 일본에 있어서 백제에서 건너온 여러 가지의 새로운 기술과 문화의 수용은 사회 발전의 원동력이 되었고, 일본 내의 사회적·문화적 측면에서 가히 혁명적이라 불릴 만큼 혁신적인 변화를 가져왔다.

오사카 지역에 백제 도왜인들이 정착하다

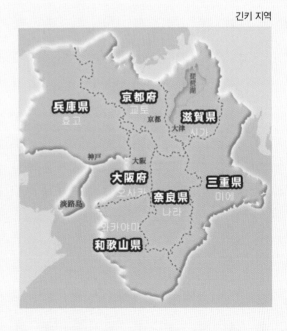

긴키 지역

긴키[近畿] 지역은 일본열도 4개 섬 중의 하나인 혼슈의 중심지로서 오늘날 오사카, 교토, 나라, 와카야마, 이세, 나고야, 고베 지역을 통칭하여 부르는 곳이다. 이곳은 서쪽으로 태평양과 접해 있으며, 세토[瀬戸] 내해를 통해서 고대 중국과 한반도의 문화가 북큐슈 지역을 경유하여 전파된 일본 고대문화의 중심지이다. 이곳에는 야마토[大和], 셋츠[攝津], 야마시로[山城], 가와치[河內], 이즈미[和泉] 등의 고대 지역 정치체들이 자리하고 있었다. 이 지역 정치체들 중에는 나라분지에 위치한 야마토 정권이 가장 세력이 강해 후에 일본열도를 통합해 간 중심세력이었다.

그 가운데 백제 도왜인들이 개척하여 5세기의 기술혁명을 만개한 곳은 오사카 남부 연안의 가와치 지역이다. 이곳은 세토 내해를 통해 오사카에 진입하는 해로 교통상의 요지이자 기나이[畿內] 세력의 중심지였던 야마토 조정의 관문에 해당하는 지역이었다. 이곳은 그 북부에서 흘러드는 하천인 요도가와[淀川]와 야마토가와[大和川] 등이 오사카만에 유입되면서 그 주변 하구에 가와치 호수가 형성되어 있었고, 그 주위에 광대한 충적 저습지가 펼쳐져 있었다. 5세기 중반 이후 백제 도왜인들이 이곳 가와치 지역에 정착하면서 요도가와 평야와 그 주변의 저습지 일대를 대대적으로 개발하고 나섰다. 하천의 제방을 쌓아 물의 흐름을 조절하고 배후지를 논으로 개발하였다. 이 개척사업에는 백제에서 가지고 온 새로운 토목·관개기술과 도구 및 많은 노동력을 투하하여 새로운 경제 기반을 만들어 낸 것이다. 이로서 가와치 지역의 농업생산력은 급속히 향상되었으며, 주민들의 정착성도 또한 높아지게 되었다. 이처럼 백제 도왜인들이 가져온 새로운 생산기술과 문화는 고대 일본 사회에 일대 혁신을 가져올 정도로 획기적인 충격이었다.

백제 도왜인들이 남긴 역사의 흔적들

현재 일본열도 곳곳에 가면 백제인들이 남긴 역사의 흔적들을 쉽게 찾을 수 있다. 큐슈 지역을 비롯하여 동북 지역에 이르기까지 널리 분포되어 있지만 특히 오사카 지역을 포함한 긴키 지역은 큐슈 지역과 함께 백제유적과 유물들이 밀집되어 있는 곳이다.

오사카와 그 주변 지역에는 백제 도왜인들이 널리 분포하고 있었던 사실을 입증해 주는 유적들이 많이 남아 있다. 가와치와 그 주변의 이즈미[和泉], 야마토[大和] 등지에는 수에무라[陶邑] 유적, 모즈후루이치[百舌鳥] 고분군, 오가타[大縣] 유적, 와키다[脇田] 유적, 시토미야기타[蔀屋北] 유적, 이치스카[一須賀] 유적, 난고[南鄕] 유적 등이 이를 뒷받침해 준다. 그 가운데 오사카 남동부의 하비키노시[羽曳野市]에 곤지를 모신 아스카베 신사[飛鳥戶神社]가 있으며, 그 주변의 구릉에는 아스카베센즈카[飛鳥千塚]라는 백여기의 고분군이 존재한다. 곤지는 백제의 개로왕과 문주왕의 동생으로 가와치 지역에 16년 동안 머무르면서 백제 도왜인들을 조직화하여 왜 정권이 친백제 노선을 유지하도록 돕는 역할을 수행한 왕족이었다. 그리고 하비키노시의 외곽을 흐르는 개천을 건너면 다카이다야마[高井田山] 횡혈식고분이 있다. 이 고분은 기나이 지역에서 가장 오래된 횡혈식고분으로 알려져 있다. 새로운 횡혈식석실분의 채용은 백제 도왜인들에 의해 이루어졌는데, 곧 일본 전통의 장송 관념을 뒤바꾸는 왜 사회 자체에 일대 변혁을 일으키게 하였다. 여기서 출토된 청동다리미는 무령왕릉에서 출토된 것과 비교하면 그 크기나 형태 등에서 놀랄 만큼 유사하여 묻힌 사람을 인근 오가타유적에 거주한 백제계 기술자 도왜인들을 통솔한 백제 왕족급 인물인 것으로 보고 있다.

일본의 경질토기인 스에키[須惠器]는 5세기 중반 경부터 기나이 지방에서 생산을 시작하였는데, 오사카의 수에무라 유적에서 그 생산이 개시되었음을 보여주고 있다. 백제의 발달된 금속공예 기술도 이 지역에 전해졌다. 기나이 지역에서 발견되는 5~6세기 금속공예품으로는 귀걸이, 허리띠, 금동제 관모, 금동제 신발, 장식대도 등이 있다. 그밖에 기와 제작술과 생활유적인 대벽건물 등의 물질문화도 백제 도왜인들의 기나이 지역 정착과 함께 등장하고 있어 의식주를 포함한 왜의 생활문화 향상에 큰 변혁이 일어나고 있었음을 보여주고 있다.

백제와 왜의 관계를
올바르게 이해하자

왜는 백제를 도운 부수세력이다

백제와 왜는 4세기 후반 양국 간에 국교가 성립된 이래 한반도의 세력 관계에 따라 다소 차이는 있었지만 대체로 우호적인 관계를 유지하였다. 한반도 정세에 왜가 등장한 사례는 4세기 말~5세기 초 고구려 광개토왕의 백제침공, 554년 관산성 전투, 그리고 660년 나당연합군에 의한 백제 멸망 때 등에 불과하다. 이때 동원된 왜병은 큰 규모가 아니었으며, 백제를 도운 부수적인 역할로 참전하였을 뿐이다. 당시 백제는 고구려에 대항하기 위해 신라나 중국 왕조와의 관계를 중시하였기 때문에 왜와의 관계는 부수적일 수밖에 없다. 왜는 3세기 히미코[卑彌呼] 여왕 때와 5세기 소위 왜의 5왕시대에 중국과 통교를 하였을 뿐 왜의 국제관계는 거의 백제를 통해 중국의 선진문물을 수용해 왔다.

이처럼 백제와 왜 관계를 올바르게 이해하지 못하고 일본학계에서는 소위 임나일본부설을 주장하며 왜의 야마토정권이 4세기 중반부터 6세기 중반까지 한반도 남부 지역을 지배하였다고 강변하고 있다. 강력한 야마토정권의 역사상을 설정해 놓고 백제를 종속적인 존재로 보면서 백제와 왜의 관계를 왜곡하고 있는 것이다. 그들은 백제의 도왜인들을 '귀화인'이나 '기술노예'로 낮추어 보고 이들의 역할을 과소평가해 왔다. 또한 그들은 야마토정권이 정치적·군사적 강국이어서 한반도로부터 철과 기술노예 및 노동력을 공납받아서 성립된 것이라고 주장하고 있다. 이러한 주장은 당시 삼국의 정세나 문화의 선진성, 그리고 현재까지 발굴 조사된 고고학 자료에 의거해 볼 때 그대로 받아들일 수 없는 허구에 불과한 것이다.

백제 도왜인들의 역할에 주목해야 한다

백제는 왜와 단순한 문물 교류에 그친 것이 아니라 계기마다 많은 주민들이 집단적으로 이주함으로써 일본에 직접 선진 기술과 고급문화를 전해주어 일본 고대국가 수립과 고대 문화 형성에 기여하였다.

백제 도왜인들은 4세기 말~5세기 중엽, 5세기 후엽~6세기 말, 그리고 7세기 후엽 백제 멸망 때에 한반도 정세와 관련하여 일본열도에 많이 건너갔다. 백제인들의 일본열도 이주는 일시적으로 이루어진 것이 아니라 주로 백제의 정치적인 사정으로 인해 대규모의 집단성을 띠고 계속적으로 이루어졌다. 그들은 백제에서 출발하여 쓰시마를 거쳐 북큐슈와 키비 및 기나이 지역에 이르기까지 광범위하게 정착하였다. 도왜인의 대열 속에는 정권에서 실세하여 망명을 떠나는 왕족이나 귀족층, 그리고 지방의 재지세력들, 이들에 의해 예속된 전문생산 기술자집단, 또는 전란을 피하거나 궁핍한 생활을 타개하기 위해 농민들이 대거 참여하여 길을 떠났다. 이들은 후진적인 일본열도에 이주하여 여러 방면에서 생산적인 활동을 벌여 원주민들과 큰 마찰이 없이, 오히려 그들을 주도해 나가면서 일본 고대국가 건설에 적극 기여하였다.

오사카 가와치 지역의 경우 백제 도왜인들에 의한 지역 개발로 인해 왜 사회에 적지 않은 파급효과가 초래되었다. 농업생산력이 급격히 향상되었고 인구가 증가하였으며, 생활문화가 향상됨으로써 이 지역이 일본열도 내의 정치 경제의 중심지로 발돋음하게 되었다. 『신찬성씨록(新撰姓氏錄)』에는 가와치국에서 한반도 도왜인 출신 씨족이 모두 68씨족인데 그 중 70%에 해당하는 48개 씨족이 분포하고 있었던 것으로 기록되어 있다. 백제를 포함한 한반도 도왜인들이 많이 거주하는 곳은 후진 왜 사회를 계도하는 선진지역으로 부상된 것이다.

이러한 경제적 기반을 토대로 하여 유력한 백제계 호족세력이 대두하였다. 이들 중에는 야마토정권과 손잡고 중앙에 진출하여 정치적인 위상을 높이는 세력도 나타나게 되었다. 진씨(秦氏)·동한씨(東漢氏)·서한씨(西漢氏)·길사집단(吉土集團)·소가씨[蘇我氏] 등이 유명하였다. 특히 소가씨는 백제가 수도를 웅진(지금의 공주)으로 천도할 때 문주왕을 보필하였던 목협만치(木劦滿致)의 후손으로 보고 있다. 소가씨는 6세기~7세기 중엽에 걸쳐 천황의 외척이 되어 왜 왕권 최대의 정치세력을 형성한 백제계 도왜인 집단이었다. 소가씨는 백제로부터 불교를 적극적으로 받아들여 불교를 흥륭시킨 씨족이다.

나라 지역에 있는 소가씨의 무덤인 이시부타이 고분

제1부

백제인의 후예
가와치 지역을 답사하다

신유진(백제세계유산센터 학예연구사)

백제왕씨의 자취가 생생한 히라카타시

코스

구다라지[百濟寺] ⇨ 백제왕신사(百濟王神社) ⇨ 긴야혼마치 유적[禁野本町遺蹟] ⇨ 전왕인묘(傳王仁墓)

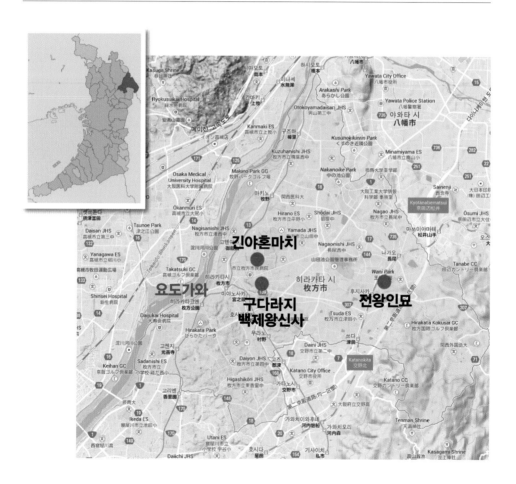

히라카타시는 오사카부 북동부에 해당하며, 교토부와 나라현의 경계에 위치하고 있다. 히라카타시의 동쪽으로는 이코마[生駒] 산지가 있으며, 서쪽으로는 요도가와[淀川]가 흐르고 있다. 이처럼 히라카타시는 요도가와를 따라서 바로 오사카만으로 나갈 수 있고, 교토로 가는 길목에 위치하고 있기 때문에 교통의 요충지라고 볼 수 있다.

이 지역이 역사의 수면으로 떠오른 것은 케이타이천황[繼體天皇 : 재위 507~531]이 즉위한 쿠스바노미야[樟葉宮]와 관련이 있다. 케이타이천황의 무덤으로 추정되는 이마시로즈카고분[今城塚古墳]이 히라카타시 바로 위에 있는 다카츠키시[高槻市]에 있다는 점도 빼놓을 수 없다. 또한 히라카타시는 간무천황[桓武天皇 : 재위 781~806]이 자주 찾았던 곳으로 알려져 있는데, 이는 히라카타시 지역이 교토로 넘어가는 경계에 있었기 때문이다.

백제왕씨의 사찰, 구다라지
주 소 : 大阪府枚方市中宮西之町 4340

구다라지는 백제계 도왜인인 백제왕씨의 사찰이 있던 곳으로, 요도가와로 흘러드는 조그마한 소하천인 덴노가와[天の川] 인근에 위치하고 있다. 구다라지가 언제 만들어졌는지에 대한 기록은 찾아 볼 수 없다. 다만『속일본기(續日本紀)』를 보면, 783년 구다라지에 오우미[近江]·하리마[播磨] 두 나라의 정세(正稅) 각 5,000속(束)을 시주한 기록이 있어, 적어도 783년 이전에는 구다라지가 있었음을 알 수 있다.

구다라지는 1941년 사적으로 지정되었다. 1952년에는 한 단계 격이 높아져 특별사적이 되었다. 조영씨족이 누구인지 알 수 있는 매우 희귀한 사찰이라는 점과 백제왕씨의 역사적 배경이 서로 맞물려서 고대 한일문화교류의 사실을 증명하는 중요한 유적으로 인정되었기 때문이다. 그러나 관리가 제

구다라지

구다라지 유적의 입지도(위:구다라지에 동그라미가 그려져 있음)와 전경(아래)
(출처 : 大竹弘之, 2012, 「河內百濟寺跡の發掘調査」, 『백제학보』 8, 백제학회, 287쪽)

대로 이루어지지 않아 차츰 관목들이 우거져 유적을 제대로 살필 수 없는 상황으로 변해 버렸다. 이에 히라카타시에서는 시민들이 즐길 수 있는 사적공원으로 꾸미는 방안을 마련하여 발굴 및 환경정비사업을 실시하였고, 현재의 모습에 이르고 있다.

구다라지를 발굴한 결과 회랑 내에 동·서 양 탑을 배치한 가람배치와 사원지 내의 가람지 주변을 구성하는 지하유구가 양호하게 보존되어 있다는 점이 밝혀졌다. 또한, 사원지의 사지(四至)가 약 140m이며, 북문·서문, 부속원지(附屬院地)의 존재 역시 확인되었다. 이러한 성과보다 더 중요한 사실은 이곳 구다라지가 '구다라' 즉 '백제'라는 명칭을 사용하고 있는 사찰이라는 점에서 그 의미가 남다르다고 할 수 있겠다.

동탑지의 모습

구다라지를 건립한 인물은 경복인가? 명신인가?

구다라지의 건립과 관련하여 먼저 거론되는 인물은 백제왕경복(百濟王敬福)이다. 그러나 구다라지의 기록은 대개 나라 말기나 헤이안시대에 들어와 보인다. 따라서 백제왕경복보다는 경복의 후손인 명신이 구다라지와 더 연관이 있다고 보기도 한다. 이에 따르면 환무천황이 헤이안쿄[平安京]로 옮기기 전에 먼저 나가오카쿄[長岡京]에 자리를 잡았다. 그 때 구다라지가 건립이 되었으며, 이곳을 환무천황이 천신에게 제사를 지내던 곳으로 보고 있는 것이다.

과연 구다라지가 경복 혹은 명신에 의해 세워졌는지 명확히 알 수는 없지만 발굴조사 결과 탑도 있었고, 금당도 있었던 것이 확인되었다. 이를 통하여 구다라지는 백제계 도왜인들의 만남의 공간이자 그들의 종교적인 공간이었음을 알 수 있다.

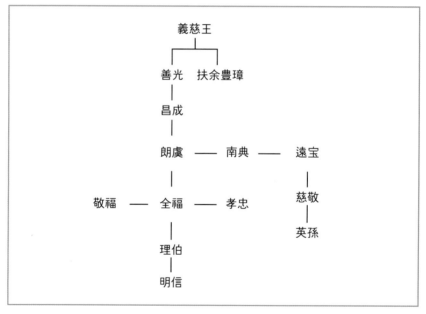

백제왕씨 계보

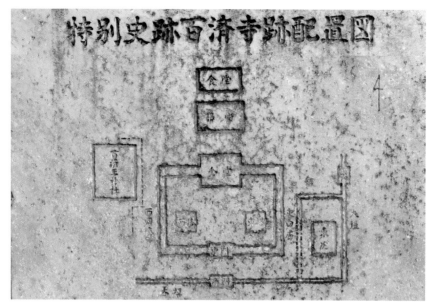

구다라지 유적 배치도

백제왕씨와 운명을 같이 한 구다라지

구다라지는 에도[江戶]시대까지 그 이름이 전한다. 간무~사가[嵯峨]천황 때까지가 가장 성대하였고, 헤이안 시대로 접어들면서 점점 황폐화되었다고 한다. 그 이유는 백제왕씨의 몰락과 관련이 있다. 헤이안 시대에는 후지와라 씨[藤原氏]가 정권을 잡으면서, 고대 명문 씨족들이 점차 정권에서 멀어지게 되었다. 이 과정에서 백제왕씨 역시 그 화살을 빗겨갈 수 없었고, 백제왕씨 의 씨사인 구다라지 역시 쇠퇴의 길을 걷게 된 것으로 보인다.

이 무렵 히라카타시에 있는 카타노신사에 소속된 땅 가운데 구다라지라는 이름이 보인다. 번성하였던 구다라지가 전국시대에는 시내에 조그마하게 이 름 정도만 유지될 정도로 몰락하였고, 그렇게나마 구다라지의 명맥이 유지 되었다. 백제왕씨와 구다라지는 이렇게 점점 역사의 뒤안길로 사라졌다가, 1932년 발굴로 인해 다시 조명을 받게 되었다.

백제왕신사 입구

구다라지의 부속 신사, 백제왕신사

주 소 : 大阪府枚方市中宮西之町 1−68

백제왕신사는 구다라지 바로 옆에 위치하고 있다. 이러한 배치는 일본 종
교의 특징이라고 할 수 있는 신불습합(神佛習合) 때문이다. 신불습합이란 일
본 고유의 종교인 신도(神道)와 외래 종교인 불교의 융합을 가리키는 말로
일본 고유의 신사와 불교인 절이 같이 있는 형태를 의미한다.

백제왕신사는 대체로 구다라지와 비슷한 시기에 건립이 되었을 것으로 보
이지만 기록상으로 명칭은 에도시대에 나온다. 시기는 이처럼 확정지을 수
없지만 이 신사가 백제왕씨에 의해 건립된 것만은 틀림없는 사실이다.

이 곳 백제왕신사에서 제사를 지내는 대상이 백제국왕(百濟國王)과 우두
천황(牛頭天王)이기 때문이다. 백제왕신사는 백제왕씨의 신사이기 때문에,
백제의 왕들을 모시는 것은 당연한 일이라 생각된다. 그렇다면 우두천황은

누구인가? 우두천황이라는 인물은 『일본서기』에 '수사노오노미코토[素盞嗚尊]'로 나오며, 신의 아들이자 천황가의 조상격에 해당한다. 우두천황을 모시는 신사는 3,053사에 이른다. 이곳 백제왕신사에서 백제왕씨의 뿌리와 일본 천황의 뿌리를 둘 다 모시고 있는 것이다. 백제왕씨가 활동

백제국왕과 우두천황 현판

하던 시기에 이미 백제는 멸망하였다. 기반이 없어지고 이름만 남은 상황에서 자신들의 뿌리를 지키기 위해서 일본 천황의 뿌리를 모신 것이 아닐까. 구다라지에서 백제왕신사로 이어지는 이들의 적응력과 자부심이 느껴지는 순간이다. 현재의 배전은 1955년에 건립되어 내려오다가 2002년에 새롭게 정비하여 지금의 모습을 이어오고 있다.

백제왕신사 배전

백제왕씨의 거주지, 긴야혼마치 유적

주 소 : 大阪府枚方市中宮北町 13

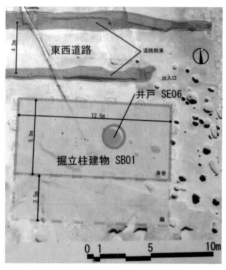

긴야혼마치 유적 발굴 모습
(주황색으로 표시되어 있는 공간을 오른쪽 사진처럼 지표
면 위에 복원해 놓았다.)

구다라지와 백제왕신사가 백제왕씨의 종교적인 공간이라면 그들의 생활 공간은 과연 어디었을까? 이와 관련하여 2001년 조사에서 백제왕씨의 거주유적으로 추정되는 곳이 발견되어 주목을 받고 있다.

구다라지에서 북쪽으로 약 500m에 위치하는 도시재생기구(구 도시기반정비공단) 중궁 제2단지내가 바로 백제왕씨의 거주유적으로 추정되는 곳이다. 이 곳에서는 길이나 도랑, 방위를 갖추어 정연하게 배치된 굴립주건물군이나 우물 등으로 구획된 마을의 존재가 밝혀졌다.

현재 이 유적은 대부분 아파트(맨션)가 들어섰으며, 핵심 공간만 유적 공원(禁野本町遺蹟公園)으로 보존되어 있다. 이 유적 공원에는 당시의 추정 동서도로, 목간, 묵서토기가 출토된 우물, 대형굴립주건물지의 유구를 바닥에 표시해 두었다. 단순히 유적을 땅 속에 덮어놓고 끝내는 것이 아니라, 공원

> **Tip. 굴립주건물(堀立柱建物)**
> 굴립주건물이란 땅을 파서 기둥을 세우거나 박아서 만든 건물로, 바닥이 지표면보다 높은 곳에 있는 건물을 말한다.

긴야혼마치 유적 공원 모습
(나무기둥으로 표시된 공간이 대형굴립주건물을 의미하며, 사진 가운데 동그랗게 표시해 놓은 곳이 우물지이다.)

으로 활용하여 교육적 효과를 높이고 있는 모습에 놀랐다. 우리나라의 경우,
아파트가 들어서면 보고서로만 유적의 모습을 남겨 놓기 때문에 내심 일본
의 문화재보존정책이 부럽기도 하였다. 좀 더 연구가 진행되면 백제왕씨가
어떤 생산 기반을 가지고 생활하였는지 알 수 있지 않을까 기대를 해본다.

긴야혼마치 유적 출토 유물

유학을 전파한
왕인의 무덤이 히라카타시에?
주소 : 大阪府枚方市藤阪東町 2丁目

히라카타시에는 왕인의 묘로 추정되는 곳이 있다. 왕인은 『일본서기』에 의하면 오진천황[應神天皇] 16년에 일본으로 와서 태자인 우지노와키라츠 코[菟道稚郎子]의 스승이 되었으며, 서수(西首)의 시조로 알려져 있다. 『고사 기』에 보이는 화이길사(和邇吉師)와 동일한 인물로 논어 10권과 천자문 1권 을 가지고 와 왜에 유학과 한자를 전파해 준 인물이다. 유학과 한자가 고대 국가체제의 정비에 필수적인 요소라는 점에서 왕인이 왜에 끼친 영향은 대 단하였음을 알 수 있다.

이 때문에 왕인은 문서 행정의 책임자이자 학문의 스승으로서 유명세를 떨쳤다. 807년 편찬된 『고어습유(古語拾遺)』에는 "아직기와 왕인에게 조세 출납을 기록하게 하였으며", 율령시대의 학령(學令)에는 "대학생은 동서사 부(東西史部)의 자식들을 취하라."고 하였다는 기록이 보인다. 동서사부의 사는 사관을 가리키며, 왕인의 후손들이 대대로 그 임무를 맡았다. 이렇듯 백제의 문화와 학문은 왕인에 의하여 일본에 전해져 고대국가 및 문화 발전 에 크게 기여하였음을 알 수 있다.

왕인 묘는 1938년 사적 13호로 지정되었으며, 입구에는 2006년 한국에 서 기증한 '백제문'이 세워져 있다. 그러나 이 곳의 공식 명칭은 전왕인묘(傳 王仁墓)이다. 이는 왕인묘가 아니라는 설도 있기 때문이다. 이와 관련하여 흥미로운 전설도 전한다. 헤이안 시대에 북쪽의 원주민인 에미시[蝦夷]를 정 벌하여 포로로 추장 두 사람을 잡아왔다. 그런데 이들이 끝까지 순종하기를 거부하여 목을 베어 죽인 후 매장하였고, 이들의 무덤이 현재의 왕인 묘라는 것이다. 원래는 귀신 무덤이라는 뜻으로 오니노하카[鬼の墓]라고 불렀는데

전왕인묘 입구

전왕인묘의 모습

그것이 나중에 발음의 유사성 때문에 [오니(鬼)≒와니(王仁)] 왕인의 무덤으로 일컬어지게 되었다는 이야기이다.

  이 곳이 진짜 왕인의 묘인지 여부는 불분명하지만 왕인이라는 인물과 그의 후손들이 일본의 고대문화 형성에 무궁한 기여한 점에 대해서는 분명한 사실로, 추앙받아 마땅하다고 생각한다.

왓소축제에서 왕인박사 행렬 모습(2013)

박 윤 우(공주대학교 사학과)

백제계 도왜인들의 생활 터전, 가시와라시

코 스

다카이다야마 고분[高井田山古墳] ⇨ 마츠오카야마 고분[松岳山古墳] ⇨ 오가타 유적[大縣遺跡]

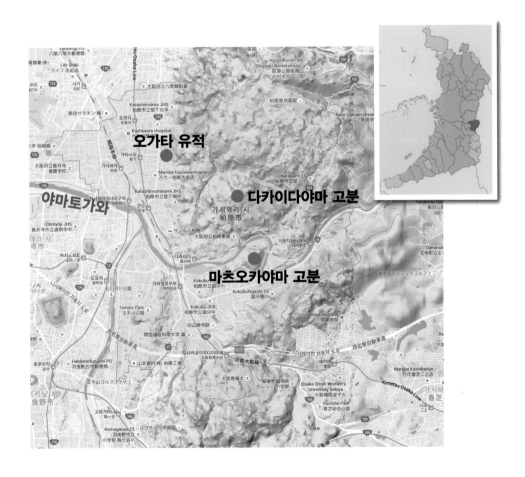

가시와라시는 일본 오사카부의 동쪽에 위치하며, 산이 매우 많은 지역이다. 시의 중앙으로 1급 하천인 야마토가와[大和川]가 흐르고 있으며, 시청 인근에서 이시가와[石川]와 합류한다. 이 곳 가시와라에서는 백제 중앙의 귀족층이 사용하였던 묘제인 횡혈식석실분[굴식돌방무덤]이 발견되어 많은 주목을 받고 있는 곳이기도 하다.

거대한 공동묘지 다카이다야마
주 소 : 大阪府柏原市高井田 1598-1

오사카부 가시와라시에 소재한 다카이다[高井田]역 근처에는 경관이 좋은 공원 하나가 조성되어 있다. 가시와라시에서는 이 곳을 '횡혈공원(橫穴公園)'으로 부르지만 엄밀히 말하면 공원 전체가 거대한 공동묘지이다. 이 곳에는 일본 고대 무덤양식인 횡혈묘가 200기 이상 조성되어 있으며, 특히 이 산의 가장 중심이 되는 전망 좋은 자리에는 백제 지배계층의 무덤양식인 굴식돌방무덤 1기가 발견되어 고대한일관계를 규명하는데 더 없이 좋은 자료적 가치를 지닌 곳이다. 이번 답사는 가시와라 시립역사자료관의 야스무라 슌지[安村浚史] 관장의 안내를 받아 더욱 의미가 있었다.

다카이다야마 정상에 있는 백제귀족 무덤의 주인공은 누구일까?

횡혈공원이 조성된 다카이다야마 정상에는 백제 중앙의 무덤양식인 굴식돌방무덤 1기가 위용을 갖추며 자리하고 있다. 이 고분은 5세기 후반경의 고분으로 키나이 지역에서 확인된 최초의 굴식돌방무덤이다. 이 산의 이름을 붙여 다카이다야마 고분[高井田山古墳]이라고 부른다. 우리가 이 곳을 답사할 때에는 빽빽이 둘러싸인 울창한 나무들 때문에 전망을 제대로 살펴볼 수 없었지만 오사카만으로 유입되는 야마토가와의 물줄기와 이시가와가 합

복원 정비된 다카이다야마 고분의 외부와 내부 모습

류되는 지점인 교통의 요충지에 자리하고 있는 것은 분명히 알 수 있었다.

고분의 규모는 둘레가 22m이며, 봉토는 현재 모두 유실되어 유리로 천장석을 재현해 놓은 상태이다. 석실 천장 추정높이는 최고 1.5m이다. 고분에서 출토된 부장품들은 원위치를 알 수 있게 배열하였다. 출토 유물들을 살펴보면, 서쪽에 안치된 관은 도굴이 된 상태로 발견되어 자세한 내용을 알 수 없지만 관 주변에서 수습된 갑주, 철모, 철촉 등 무기류로 미루어 남성의 관으로 짐작할 수 있다. 동쪽에 안치된 목관에서는 청동거울, 금제 귀걸이, 금박 유리구슬 등의 장신구류와 청동 다리미 등이 출토된 것으로 보아 피장자는 여성으로 추정할 수 있다.

죽어서도 함께...

다카이다야마 고분은 2기의 목관과 출토 유물로 미루어 부부합장 묘로 추정된다. 더욱이 이 고분이 조성된 5세기 후반 일본 장제에서는 부부합장묘가 등장하지 않기 때문에 고분의 매장주체가 백제계 인물로 봐야 한다는 점에서 주목된다. 횡혈식 장제는 추가장을 전제로 한다. 부부 중 누가 먼저 죽었는지는 알 수 없지만, 먼 이국땅에서 함께 생사고락을 나누었던 남녀는 죽어서도 함께 하기를 원하였을 것이다.

특이점은 이 고분 이후 조성된 주변에 산재한 수많은 횡혈묘에는 모두 합장이 가능하도록 하였다. 고대 일본 무덤은 구덩식돌덧널무덤으로 시신을 안치한 후 밀봉을 하여 산자의 공간과 죽은 자의 공간을 단절시키는 장제였다. 반면에 백제는 죽은 자들에게도 생전에 살았던 것처럼 생활공간을 꾸며주었다. 주변 횡혈묘에는 시신이 무덤 안에서도 생활할 수 있도록 공간을 다듬고, 취사용기들까지 발견되었다. 이는 백제인의 사후세계관이 먼 이국땅에서 뿌리를 내린 모습의 다름이 아닐까.

이 횡혈공원에는 석관 3기 정도를 안치할 수 있는 규모를 갖춘 횡혈묘도

발굴되어 부부합장묘 뿐만이 아니라 가족묘로도 조성했던 것으로 보인다. 일본에는 수 천 기의 횡혈묘가 있지만 이 곳처럼 잘 꾸며지고, 다듬어진 횡혈묘는 없다고 한다. 이곳에 조성된 횡혈묘들은 중앙과 관련이 있는 지방의 중급 호족들의 가족 무덤들로 추정되고 있다. 죽어서도 함께 산다는 의미로 정성을 다해 만든 새로운 가족 공간인 셈인 것이다. 그런데 재미있는 사실은 1990년대 초반 이 곳을 발굴할 당시 집이 없는 노숙자들의 생활공간으로 이용되었다고도 한다. 1500여 년 전에 잘 다듬어진 가족 무덤이 본의 아니게 산자의 생활공간으로까지 이어지게 되었으니 그들의 정성이 헛되지는 않은 듯하다.

무령왕릉 출토품과 꼭 닮은 청동다리미

　다카이다야마 고분에서 출토된 유물들 가운데 동쪽 관에서 출토된 청동다리미와 금층 유리구슬은 백제 제25대 왕의 무덤인 무령왕릉에서 출토된 유물과 유사하여 주목되고 있다. 특히 청동다리미는 동관에 묻힌 피장자의 머리위에 옷감으로 여러 번 정성스럽게 포개진 상태로 출토되었다고 한다. 백제 고향땅에서부터 곱게 포장해서 갖고 온 귀한 물건이기에 죽어서도 함께 가져간 것이 아닐까. 지금껏 살펴본 여러 정황으로 봐서 이 고분의 피장자들은 백제 왕족급 인물로 5세기 후반 이후 가와치 지역으로 건너와 일본 고대국가 형성에 지대한 영향을 끼친 인물들로 추정된다. 야스무라 관장은 곤지의 다섯 아들 중에 동성왕과 무령왕을 제외한 다른 왕자들 중 한명의 무덤이 아닐지 조심스럽게 언급하였다. 고대사의 매력은 무한한 상상이라고 했던가? 이 고분 주인의 또 다른 후보는 독자의 상상력에 맡겨보기로 하겠다.

다카이다야마 고분 출토 청동다리미(위) 무령왕릉 출토 청동다리미(아래)

다카이다야마 고분에서 출토된 유물들이 전시되어 있는 가시와라 시립 역사자료관

Tip. 가시와라 시립 역사자료관〔柏原市立歷史資料館〕

· 주   소 : 大阪府柏原市高井田1598-1

· 입장시간 : 09:30~16:30(월요일 휴관)

· 입 장 료 : 무료

· 홈페이지 : http://www.city.kashiwara.osaka.jp.

· 전화번호 : 072-976-3430

일본 역사의 수수께끼를 풀어 주는 마츠오카야마 고분

주 소 : 大阪府柏原市国分市場 1丁目

다카이다야마 고분을 뒤로하고 우리는 야마토가와를 건너 마츠오카야마 고분으로 향했다. 이 고분은 다카이다야마 고분과는 다른 수혈식 전방후원분으로 야마토가와에 인접한 구릉 정상에 조성된 왜의 수장층 무덤이다. 마츠오카야마의 정상에 있는 이 고분은 4세기 후반에 조성된 것으로 추정되며, 전방을 낮게 후원을 높게 축조한 것으로 보아 전방후원분 중에서도 이른 시기에 축조된 것이다. 고분의 전체 길이는 130m로 전방부는 폭 32m, 높이 6.5m이며, 후원부는 지름 72m, 높이 16m이다. 관의 덮개석과 상석은 화강암제, 벽석은 응회암제로 만들어진 매우 튼튼한 석관이다.

백제 석공의 혼을 느끼며

마츠오카야마 정상에 위치한 석실을 보기 위하여 오사카의 습한 더위와 사투를 벌이며 한발 한발 걸음을 내딛고 있는데, 우리가 밟고 있는 돌들이 이 고분의 분구를 쌓을 때 사용된 것들이고 한다. 설명을 듣기 전까지는 그저 흔한 돌조각들이라 생각했었는데 왠지 모를 반가움과 발바닥에 닿은 약간의 불편함마저도 생명체와 마주한 듯한 신비스런 기분에 정상까지 한걸음에 올라 갈 수 있었다.

고분이 위치한 이 곳은 화강암반석의 지형으로 올라가는 내내 크고 작은 돌들이 땅에 박혀 있어 흙보다는 돌이 많은 산이었다. 현재 분구는 모두 해체된 상태로 산 정상에는 커다란 화강암 덮개석판과 상석만이 덩그러니 놓여 있었다. 수혈식으로 시신을 안치한 석관은 장정 여러 명이 힘을 모아야 들어 올릴 수 있는 육중한 덮개석이 덮고 있어, 산자와 죽은 자의 공간을 분리시키고 있었다.

마츠오카야마 고분 석관

흥미로운 사실은 마츠오카야마 고분 축조방식이 서울 석촌동 고분군 축조 기법과 매우 유사하다는 것이다. 전방부를 2단, 후원부를 3단의 얇은 판석으로 이어주는 계단식 형태는 초기 백제 고분의 축조 기법으로 그 당시 왜에서는 볼 수 없었던 형태이며, 백제인의 기술이 들어간 고분이라고 볼 수 있다. 또한 개석과 상석에 사용된 단단한 화강암을 정교하게 다듬은 기술은 그 당시 일본에는 없었기 때문에 백제 석공들의 기술과 혼이 그대로 느껴지는 유적지였다. 우리 답사팀들은 1600년 전 백제의 석공들에 의해 만들어진 고분 파편들을 발아래 다시금 느끼며 한발 한발 조심스럽게 내려왔다.

사라진 일본 고대사의 한켠을 밝히며

마츠오카야마 고분의 역사적 가치는 또 다른 곳에서 재평가 받고 있다. 일본 역사에서 4세기는 '불가사의한 세기'이다. 문헌 기록에 4세기 일본의 모습을 전하는 기사가 단 한 줄도 없기 때문이다. 이러한 면에서 마츠오카야마 고분은 4세기 일본과 백제와의 교류 흔적을 명확히 남겨 놓아 더 없이 반갑고 가치 있는 유적이라고 할 수 있겠다.

고분의 축조 방식과 관재를 다루는 기술 이외에도 출토된 통형과 병형 토기는 일본에서는 볼 수 없는 기형으로 백제 흑색마연토기와 비슷한 것이다. 흑색마연토기는 한성백제의 상징적인 토기로 귀족층에서 사용했던 위세품의 성격을 갖고 있다. 이 고분의 피장자가 어떤 과정을 통하여 토기를 소지했는지는 전혀 알 수 없지만, 기록에 보이지 않는 일본의 고대사 한 켠을 이러한 물적 증거자료가 대신하고 있으니 놀라울 따름이다.

야스무라 관장도 문헌에서는 확인 할 수 없지만 그 당시 일본은 어떠한 방식으로든 백제와의 교류를 진행하고 있었다는 증거자료임에 틀림없다고 강조하셨다. 이곳에서 출토된 조그마한 병형 토기가 오사카 지역의 사케 도쿠리로 활용되고 있어, 일정이 끝난 후 저녁 자리에서 먹은 사케에서 시공간을 뛰어넘는 묘한 맛을 느낄 수 있었다.

일본 고대 국가 형성에 기여했던
백제계 제철 기술자들의 터전, 오가타 유적
주 소 : 大阪府柏原市大県, 鐸比古神社參道 주변

오가타 유적은 가시와라시 이코마야마[生駒山] 서쪽 기슭 남단부에 있는 대규모 취락유적이다. 다카이다야마 고분에서 북쪽으로 매우 인접한 곳에 자리하고 있다. 야마토가와와 이시가와의 합류점에서 약 1㎞ 떨어진 곳에 위치하여 자연환경적으로 사람들이 터 잡고 살기에 좋은 입지조건을 갖고 있는 곳이다. 이 유적은 두 강의 풍부한 용수와 해상 교통로를 이용하여 발달한 제철관련 유적이 확인되어 더욱 주목받고 있다. 특히 이 유적지에서는 한반도 서남부지역과 영산강유역을 포함해 백제지역에서 보이는 토기들이 다량 출토되어 백제계 도왜인들이 철생산에 직접 관여했던 것임을 보여준다.

철은 고대 국가 성장 단계에서 매우 중요한 자원이다. 철제 농기구의 저변확대는 농업생산력과 직접적인 관계가 있기 때문에 국가 성장단계에서 꼭 갖추어야할 조건인 것이다. 이러한 원동력을 바탕으로 야마토국은 고대 국가발전 형성의 기틀을 마련한 것이다. 이런 의미에서 오가타에서 발굴된 취락 유적은 5세기 후반 일본에 정착한 도왜인들이 무엇을 하며, 어떻게 살았는지를 보여 준다. 또한 그 당시 고대국가로 발돋움 하려는 일본에게 큰 영향을 끼친 도왜인 집단이 존재하고 있었음을 확인할 수 있는 중요한 유적지로 생각된다.

생생한 발굴현장에서 도왜인의 삶을 엿보다

금번 답사에서의 수확 중 하나는 오가타 단야 유적지 발굴현장을 직접 볼 수 있었다는 점이다. 야스무라 관장의 소개로 발굴을 진행하는 현장과 발굴에 직접 참여하고 있는 작고 당찬 여자 연구원으로부터 작렬하는 태양 아래에서 들었던 현장 설명은 마치 뜨거운 용광로 앞에서 땀 흘리고 있는 도왜인들의 모습과 오버랩 되는 묘한 느낌을 받았다.

2013년 발굴조사를 하게 된 계기는 인근 소학교 학생들의 안전한 통학로 확보를 위한 보도확장때문이었다. 1980년대 소학교근처를 발굴했을 당시에도 단야로, 송풍관, 슬래그, 백제 토기 등이 다수 출토되었다. 이번 조사에서는 3곳 정도의 작은 유구에서 단야로, 송풍관이 출토되었다. 하지만 오가타 유적지에는 이번 발굴 조사 구역 외 그 어떤 구역을 조사하더라도 제철관련 유적 다수가 나올 것이라고 한다.

오가타 유적에서 흥미로운 것은 말 이빨과 뼈가 상당수 발견되었다는 점

오가타 유적 발굴 현장

이다. 제철관련 유적에서 동물의 이빨과 뼈가 나오는 이유는 무엇일까? 연구원의 설명에 의하면 철을 뽑아내는 단야과정이 끝나면 그 곳을 흙으로 덮어버린 뒤, 말을 제물로 받치는 축제나 의식이 행해진다고 한다. 고대인의 성스러운 의식이 끝나고 나면 제물에 사용된 말은 통째로 묻히는 것이다. 이처럼 야마토국은 철 생산의 중요성을 일련의 신성스러운 의식과 연결시키며 정치적 목적으로 이용하였을 가능성이 높다. 국가 권력의 근간이 될 수 있는 철을 직접 생산할 수 있는 기반이 마련된 케이타이천황[繼體天皇]과 백제 도왜인의 직접적인 연관성은 한국과 일본의 고대 교류사를 정리하는데 꼭 짚어봐야 할 것으로 생각된다.

뜨거운 뙤약볕아래 발굴현장 설명을 들으면서 우리가 서있던 이 자리가 바로 5~6세기 즈음 일본으로 건너간 백제 기술자들의 생생한 삶의 현장이었음을 다시금 알 수 있었다. 그들도 우리가 느꼈던 한여름의 뜨거운 열기와 오사카의 끈적거리는 높은 습도와 함께 이글거리는 단야로 앞에서 묵묵히 주어진 소임을 다하지 않았을까. 오사카에서 경험했던 후텁지근한 날씨와 오가타의 단야 유적은 오랜 시간이 흘러도 기억 속에 남아 있을 것이다.

오가타 유적에서 출토된 말뼈

박윤우 (공주대학교 사학과)

야마토로 가는 관문, 오사카시

코 스

오사카역사박물관[大阪歷史博物館] ⇨ 호엔자카[法円坂]

한류 열풍의 진앙지 일본 가와치 河內

오사카시는 일본 오사카부의 도시로 혼슈 긴키 지방의 요도가와[定川] 하구 오사카만에 위치해 있다. 오사카시는 고분시대에 일본 서부 지방을 연결하는 중심 항구로 개발되어 이와 관련한 유적, 유물들이 다수 확인되는 곳이다.

고대와 현대가 공존하는 오사카역사박물관
주 소 : 大阪府 大阪市中央区大手前 4丁目 1-32

오사카역사박물관은 토요토미히데요시[豊臣秀吉]에 의해 완성된 오사카성과 도로 하나를 사이에 두고 마주하고 있다. 1960년도에 오사카성 공원 안에 오사카 시립 박물관(구육군 제4사단 사령부 청사)으로 시작하였고, 2001년에는 고대 수도 나니와궁[難波宮]사적 공원 북서단에 위치한 NHK빌딩 옆으로 이전하여 현재까지 이르고 있다. 새로이 개장된 역사박물관은 고대부터 현대에 이르기까지 일본의 역사 속에서 중요한 역할을 해온 도시 '오사카'에 초점을 맞춰 1400년 동안의 오사카시 역사와 문화를 소개하고 있다. 시민들의 자발적인 유물기증으로도 유명하다.

그럼 오사카 역사의 시작점이라고 해도 과언이 아닌 역사박물관에 대하여 살펴보자. 우선 박물관 입장권의 검표가 끝나면 곧장 엘리베이터를 이용하여 지상 10층으로 이동하게 된다. 마치 현재로부터 잠시 떨어진 시간여행을 위한 하나의 절차인 듯하여 살짝 흥분을 한 상태로 관람을 시작하게끔 해놓았다. 10층에 위치한 고대관은 나니와궁의 태극전 내부를 실제 크기로 재현하였고, 약간의 시간차로 나니와궁을 설명해주는 애니메이션이 웅장한 사운드와 함께 관람객의 시선을 단번에 끌어들이는 곳이다. 고대 궁의 낮과 밤을 재현한 10층 고대관은 관람자가 마치 궁 안으로 직접 들어 온 기분을 느끼게 하여, 박물관이라기보다는 체험관에 더 가깝게 느껴지는 곳이기도 하다. 또한 나니와궁터에서 발견된 고대 유물들 중 한반도에서 건너온 백제 토기

오사카역사박물관

한류 열풍의 진앙지 일본 가와치 河內

오사카역사박물관 지하에 보존되고 있는 나니와궁 터

들도 전시되어 있어 한국 관람객들에게 큰 볼거리를 제공하고 있다. 주지하다시피 나니와궁이 위치한 나니와진[難波津]은 지정학적으로 백제에서 야마토국으로 진입하는 데 가장 좋은 항구이다. 그렇기에 수많은 백제 도왜인들이 나니와 지역에 정착한 흔적들을 오사카 역사박물관에서 만나 볼 수 있는 것이다.

지상 10층에 마련된 고대관은 궁의 내부뿐만이 아니라 오사카시의 전경을 한눈에 바라 볼 수 있는 전망대도 마련되어 있다. 가깝게는 오사카성과 멀리는 이코마 산맥까지 살펴볼 수 있어 우리 답사팀들에게는 너무도 좋은 장소였다. 한 지역을 답사하기 위해 그 지역의 자연환경을 먼저 살펴보아야 제대로 된 답사가 될 수 있다. 그렇기에 오사카역사박물관에서의 전망대는 오사카시의 바다, 강, 산을 모두 살펴 볼 수 있는 최적의 장소이다. 전망 좋은 10층 고대관을 뒤로 하고 9층으로 내려오면 오사카시의 중세관, 근세관을 만날 수가 있고, 8층에는 발굴체험관이 관람객을 맞이하며 다채로운 경험을 할 수 있도록 구성되어 있다. 7층에는 현재 오사카시의 번성함을 과시하는 근대관, 현대관으로 구성되어 있어 오사카시의 자부심을 엿볼 수 있도록 하였다.

백제 풍납토성의 안타까움을 느끼며..

오사카역사박물관의 또 다른 관전포인트는 지하에 보존되고 있는 나니와궁터이다. 박물관이 세워진 이 곳은 나니와궁이 있었던 곳으로, 현재는 역사박물관 지하 1층에 그대로 보존되어 일반인에게 공개되고 있다. 지하에 보존되어 있는 나니와궁터를 보기 위해서는 미리 예약을 해야 한다. 예약 시간이 되면 백발 할아버지의 친절한 안내로 나니와궁에 대한 상세한 설명을 들을 수 있다.

지금의 나니와궁터가 보존될 수 있었던 것은 야마네토쿠타로우[山根德太郎]라는 고고학자의 열정의 결과물이라고 한다. 야마네 선생님은 오랜 시간을 오사카시내 중심지역 어딘가에 나니와궁이 존재했을 것으로 확신하였으며, 그의 오랜 집념은 1955년 4차 발굴시 나라시대 기와 한조각의 발견을 통하여 설득력을 얻게 된다. 기와가 왕궁의 존재 가능성을 보여주기 때문이었다.

오사카 시내 중심지에서 발견된 나니와궁터는 야마토국의 궁성과 나니와의 중요성을 밝혀줄 수 있는 매우 중요한 유적지이기 때문에 1962년 오사카 부근 8개 대학 총장들이 이 유적을 보존해야 한다는 성명서를 발표하였다. 이런 여론에 힘입어 발굴이 이루어지고, 그 결과 오사카의 가장 번화한 시내 한복판에 나니와궁터를 보존할 수 있었다. 또한 앞에서도 언급하였듯이 이 모습을 가상으로 복원하여 오사카 역사박물관에 재현함으로써 이 박물관의 트레이드 마크가 된 것이다. 한 고고학자의 열정적인 집념과 신념을 가진 지식인들이 지켜낸 유적지임을 알고 난 후에는 백제궁터로 알려진 풍납토성의 현 모습과 너무도 대조적이어서 씁쓸함을 지울 수가 없었다.

어떤 용도인가, 대형 창고군 호엔자카 유적

　호엔자카[法圓坂] 유적은 5세기 후반 나니와진[難波津]에 세워진 대형 창고군의 흔적이 있는 유적지이다. 1954년 오사카역사박물관과 NHK오사카 방송국부지 발굴조사 때 전기 나니와궁의 일부와 함께 발견되었다. 발굴조사결과 나니와궁이 들어서기 이전부터 창고 16동이 2열로 120m의 간격을 유지하면서 나란히 규칙적으로 세워져 있었음이 밝혀졌다. 현재 오사카역사박물관 야외에 1동을 재현하여 전시해 놓았다.

　오사카역사박물관을 안내해 주신 선생님의 설명에 의하면 고분시대에 만들어진 대형 창고건물이며, 무언가를 보관하기에는 효율성이 떨어지는 과시용적 측면이 강한 건물이라고 한다. 아마도 그 당시 나니와 지역에 만들어진 대형 전방후원분의 묘제 방식과 더불어 창고 역시 크게 만들지 않았을까 라는 생각이 든다. 나니와궁 안에 이후 지어진 1/4 규모 정도의 창고와 비교했을 때 효율성이 떨어진다는 것이다.

　아무튼 이 곳에 대형 창고가 들어 선 배경은 고대 야마토국의 관문인 나니와진의 번성함에서 비롯되었을 것이다. 세토[瀨內] 내해와 가까운 이곳은 당시 야마토, 가와치로 통하는 교통의 요충지이며, 지정학적으로 한반도 백제에서 고대 왜의 본토로 진입하는 데 반드시 거쳐야할 항구였다. 이를 반영

오사카역사박물관 밖에 복원된 호엔자카 건물

하듯이 나니와 지역에는 한반도에서 건너온 백제, 고구려, 신라, 가야의 흔
적을 모두 찾아 볼 수 있는 곳이며, 그 중에서도 백제관련 유적, 유물이 가장
많이 출토된 곳이기도 하다.

한반도의 선진문화는 세토내해의 종착지인 나니와진에 도착하여 숨을
고른 뒤, 다시금 야마토가와를 통해 왜의 본토로 직접 전달되었다. 이러한
과정 속에 나니와진에는 거대한 물류창고가 형성되었고, 풍부한 물적 자원
을 기반으로 야마토국 중앙으로의 힘을 모을 수 있는 기반이 마련되었을
것이다.

박윤우 (공주대학교 사학과)

말 사육 최적의 장소, 시죠나와테시

코 스

시토미야키타 유적[蔀屋北遺跡]

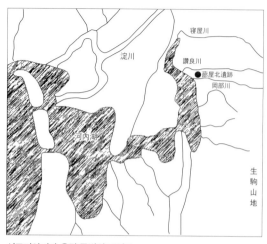

시토미야키타 유적 주변의 고지도

시죠나와테시[四條畷市]는 오사카부의 북동부의 기타카와치 지구에 위치하고 있다. 시죠나와테시의 옛 지형은 현재의 모습과는 많이 다르다. 5~6세기 당시 시죠나와테시는 서쪽으로는 가와치호와 연결된 바다가 펼쳐져 있었고, 동쪽은 이코마 산맥으로 둘러싸여 있었다. 특히 이코마 산맥으로부터 발원된 하천들이 위, 아래로 흘러 울타리 역할을 하고, 하천변은 풀이 잘 자라서 말 사육 장소로는 최적의 장소였다고 한다. 시죠나와테시를 중심으로 말 유적이 집중 분포하고 있는 것에는 이러한 지형적 특성이 크게 작용하였을 것이다.

백제계 마사집단, 시토미야키타 유적
주소 : 大阪府四條畷市砂 4丁目 1-13

시토미야키타 유적에서는 마사유적과 함께 말을 키운 사람들이 생활한 주거지가 다량 확인되었다. 『일본서기』 오진기[應神紀]에는 백제 왕이 아직기를 통해 왜에게 좋은 말 두필을 보냈고, 아직기는 그 말들을 사육하였다는 기록이 있다. 그 당시 말 사육장소를 구판(廐坂)이라고 불렀다고 하는데, 정확한 위치에 대해서는 알 수 없지만 천황이 사는 곳과 그리 멀리 떨어지지는 않았을 것이다. 고대 사회에서 말은 기동력과 전투력의 토대가 되었기 때문에 고대 국가 형성과정에서 지배체제를 확립하고 유지, 확대하는데 매우 중요한 매개체였다. 일본의 고대국가 형성 과정에 말을 누가, 언제, 어떻게 전달하였는지는 정확히 알 수는 없지만 유적지에서 출토된 유물을 통해 한반도의 선진기술과 함께 전달되었던 것은 분명하다.

야마토국은 전방후원분이라는 거대한 고분을 만들 수 있는 풍부한 물적자원을 가진 나라였지만 이를 효율적으로 통제할 수 있는 정치적인 시스템이 미비하였다. 이때 이웃한 한반도, 특히 백제와의 밀접한 교류는 이들의 부족한 부분을 채워주기 시작하였다. 앞에서 살펴본 오가타 제철유적과 이곳의 마사유적도 백제와 왜가 무엇을 통해 어떻게 교류를 하면서 서로에게 영향을 미쳤는지 알 수 있는 유적지들이다. 오가타 유적에서도 백제관련 토기들이 많이 발견되었듯이, 이 곳 마사유적에서는 백제, 특히 영산강유역에서 보이는 부뚜막이 대벽건물지에서 대량으로 확인되고 있어 주목을 받고 있다. 또한 취사용으로 사용한 토기들 가운데 백제토기가 다수 확인되어 백제계 도왜인 집단들이 거주하면서 말을 사육했던 현장을 확인시켜 준다.

『일본서기』에 의하면 케이타이천황이 등극할 당시 가와치우마카이노오비토아라코[河內馬飼首荒籠]란 인물이 도와주는 기록이 있어 흥미롭다. 아라코는 가와치 지역의 말 사육을 담당하는 가와치마사부를 통솔하는 수장이다. 아라코의 도움으로 케이타이는 천황으로 등극하였고, 이후 그를 극진히 대접하였다고 한다. 일부에서는 케이타이천황을 도운 아라코를 백제 도왜인의 후손으로 보기도 한다. 사실이야 어찌 되었건 선진문물을 흡수하면서 빠르게 성장하고 있었던 야마토국 곳곳에 백제인의 노력이 있는 것을 확인할 수 있어 나에게는 매우 즐거운 답사였다.

시토미야키타 유적에 가면 발굴 당시 말이 출토된 모습을 복원해 놓고 관람객의 이해를 돕고 있다.

강유나 (공주대학교 사학과)

백제계 고분들의 밀집 지역, 미나미가와치군

코 스

쇼토쿠태자묘[聖德太子墓] ⇨ 치카츠아스카박물관[近つ飛鳥博物館] ⇨ 이치스카 고분군[一須賀古墳群]

미나미가와치군은 일본 오사카부에 있는 군으로 타이시마치[太子町] 등을 포함하여 총 2정 1촌으로 구성되었다. 미나미가와치군의 중앙에는 가츠라기야마[葛城山]가 우뚝 솟아 있다. 아스카시대에는 하비키노시[羽曳野市]와 함께 치카츠아스카 지역이었으며 백제계 도왜인들이 주로 이곳에 정착하여 선진문물을 전파하였다. 미나미가와치군은 쇼토쿠태자[聖德太子]의 외가인 소가씨[蘇我氏]의 근거지가 있었고 소가씨는 백제계 도왜인과 매우 밀접한 씨족이었다.

일본 고대사의 살아있는 성인, 쇼토쿠태자묘
주 소 : 大阪府南河内郡太子町太子 2146

쇼토쿠태자의 묘가 자리하고 있는 미나미가와치군의 타이시마치는 오사카부 동남부의 이코마야마와 곤고야마[金剛山]의 산기슭에 위치한다. 니조야마[二上山]가 솟아 있으며 아스카가와가 타이시마치 내를 흐른다. 타이시마치에는 일본에서 가장 오래된 국도인 다케노우치카이도[竹内街道]가 관통하며, 타이시라는 지명은 쇼토쿠태자의 묘가 있었던 것에서 비롯되었다.

쇼토쿠태자의 묘는 원분의 형태를 띠고 있으며 전면의 능선을 따라 사당이 지어졌다. 메이지천황 12년(1879) 학술조사를 통하여 이 묘는 원분 형태의 굴식돌방무덤이며 내부에는 3기의 관이 안치되었음이 확인되었다. 이는 쇼토쿠태자와 함께 이곳에 묻힌 사람이 둘이나 더 있다는것이 아니겠는가. 과연 무덤의 주인공들은 누구일까? 중앙의 석관은 큰 돌을 길쭉하게 파내어 만든 것으로 마치 말구유와 같은 모양을 연상시킨다.

중앙에 고된 몸을 누인 이는 바로 쇼토쿠 태자의 어머니이다. 이를 중심으로 동쪽에는 쇼토쿠태자가, 서쪽에는 그의 부인이 안치되었다고 한다.

이들의 무덤에 대해 더 자세히 알고 싶지만, 안타깝게도 이에 대한 내용은

쇼토쿠태자묘

1790년, 1879년, 1921년 총 3차에 걸친 발굴조사를 통해 남겨진 내부 스케치만이 전부이다. 이후 쇼토쿠태자의 묘 입구를 콘크리트로 막아버렸고 궁내청의 발표에 따라 쇼토쿠태자의 묘로 확정되었다.

쇼토쿠태자묘에서 특이한 점은 쇼토쿠태자의 어머니가 쇼토쿠태자 부부와 함께 합장되었다는 점이다. 선뜻 이해가 가지 않지만 일본의 고대 사회를 들여다보면 이내 수긍할 수 있다. 일본은 전통적으로 함께 가족묘를 쓴다. 고분의 언덕에 구멍을 내어 만든 횡혈묘가 바로 이런 특징을 가지고 있다. 『일본서기』 기록 속에도 천황이 먼저 죽고 묻힌 능에 황후와 황자를 같이 묻거나 먼저 죽은 천황의 능에 황후와 천황의 누이를 같이 묻는 등의 합장례가 다수 있다. 또 일본 고대 사회는 모계 중심 사회였기 때문에 천황가에서 황자나 황녀가 태어나면 외가에서 어린 시절을 보내며 성장하였다. 또 모계의 힘에 따라서 천황의 즉위 여부가 달리기도 하였다. 이런 점을 눈여겨 볼 때, 쇼토쿠태자의 묘에 그의 어머니가 함께 묻힌 것은 우리에게만 생소할 뿐, 일본의 전통적인 가족묘로 이해하면 될 것이다.

그렇다면 쇼토쿠태자의 묘가 미나미가와치군의 타이시마치에 위치하게

쇼토쿠태자묘 내부 스케치

聖徳太子墓
宮内庁の陵墓に指定されており、現在その内部をうかがうことはできないが、中を見た
古い記録が残っている。ここでは梅原末治の論をもとに再現した。

된 것은 어떤 이유에서일까? 쇼토쿠태자의 어머니 아나호베노하시히코[穴穗部間人]는 소가노이나메[蘇我稲目]의 딸이다. 쇼토쿠태자는 소가씨 집안의 인물이었고 타이시마치는 소가씨의 세력 기반이었다. 즉, 쇼토쿠태자는 생을 마감한 뒤, 외가로 돌아와 고된 몸을 누인 것이다.

개혁의 아이콘 쇼토쿠태자

쇼토쿠태자만큼 일본 고대의 역사에서 빼놓을 수 없는 인물이 또 있을까? 쇼토쿠태자의 본명 우마야도[厩戸]는 마굿간 앞에서 태어났다는 전설에서 비롯된 것이다. 또 다른 전설에는 어느 날, 쇼토쿠태자가 사람들의 청원을 들을 기회가 있었는데 앞 다투어 호소하는 이들의 말을 하나도 빠뜨리지 않고 모두 이해하여 대답해 주었다고 하여 도요토미미[豊聡耳] 즉, '좋은(뛰어난) 귀'라는 이름을 얻게 되었다고도 한다. 어릴 때부터 남달랐던 쇼토쿠태자는 스이코[推古]천황의 즉위 이후부터 그녀를 대신해서 정치를 하였다. 호족의 씨성제 폐해를 방지하기 위한 '관위 12계', 대왕 중심의 국가를 만들기 위한 '17조 헌법' 등을 만들었다. 뿐만 아니라 쇼토쿠태자는 백제를 통해 선진문물을 수용하던 방식에서 벗어나 중국에 공식적으로 사절을 파견하여 정치·경제·문화를 직수입할 수 있는 문을 열고자 하였다.

이처럼 많은 성과를 이룩하였던 쇼토쿠태자는 왜 천황이 되지 못했을까. 긴메이천황[欽明天皇] 이후 즉위한 비다츠[敏達], 요메이[用明], 스슌[崇峻], 스이코천황은 모두 긴메이천황의 자식이다. 이들은 저마다 어머니가 다르지만 모두 소가씨의 외척이라는 공통점이 있었다. 쇼토쿠태자는 요메이천황의 아들이며 스이코천황과는 이모-조카의 관계이다. 그런데 스이코천황이 비다츠천황과 결혼을 하였고, 그 사이에 낳은 딸과 쇼토쿠태자가 결혼을 하면서 상당히 복잡한 관계에 놓인다. 쇼토쿠태자의 입장에서 스이코천황은 이모이자 장모님이 되는 것이고 스이코천황의 입장에서 쇼토쿠태자는 조카이

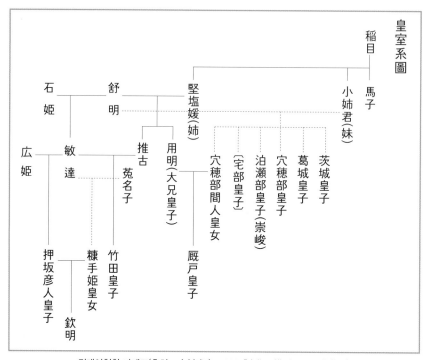

긴메이천황 가계도(출처 : 吉村武彦, 1999, 『古代王權의 展開』, 集英社)

자 사위가 되는 것이다. 이렇게 복잡한 계보 속에서 가장 일순위의 황위계승자는 비다츠천황과 스이코천황 사이의 자식들이었을 것이다. 실제로도 스이코천황 이후에 즉위한 천황은 비다츠천황의 남매 사이에서 태어난 죠메이천황[舒明天皇]으로 요메이천황의 아들이기만 한 쇼토쿠태자가 이들을 밀어내고 천황이 되는 것은 쉽지 않은 일이었을 것이다.

쇼토쿠태자는 비록 천황의 자리에 오르진 못했지만 스이코천황 시기 섭정을 하면서 일본 고대의 국가의 기틀을 마련하고 불교문화를 발전시켰다. 이러한 업적들은 그를 일본 고대국가에서 가장 위대한 인물로 만들었다. 그래서 일본 화폐에서 가장 많이 등장하고 최고금액권에 해당하는 인물이 바로 쇼토쿠태자가 아닐까.

종교전쟁의 승리자 소가씨와 쇼토쿠태자

쇼토쿠태자의 어머니가 소가씨라는 점은 흥미로운 일이다. 538년, 일본에 불교가 전파되었고 이내 공인되었다. 그러나 기존의 토착종교인 신도가 여전히 성행하였고 생활규범으로서 유교 또한 자리 잡고 있었다. 이 때 소가씨계의 숭불파와 모노노베씨[物部氏]계의 배불파 사이에는 불교 수용을 둘러싸고 첨예한 의견대립이 일어났다. 모노노베씨는 외국 신의 숭배가 전염병이나 기근을 일으킬 것이라 주장하며 반대하였다. 게다가 비다츠천황 14년(585)에는 일본 최초로 소가씨가 오노노오카[大野丘] 북쪽에 세운 불탑을 모노노베씨가 불태웠다. 이처럼 야마토국 내에서 불교의 수용은 종교차원의 문제를 넘어 새로운 통치 방식의 도입과 관련된 권력의 주도권 문제로 확대되었다. 기존의 통치 질서 속에서 강력한 권력을 행사하던 호족들의 불교에 대한 반발은 당연지사였다. 불교를 둘러싼 권력다툼은 약 30년간 지속되었고 이때 야마토국은 지독한 종교전쟁을 겪었다. 쇼토쿠태자는 전쟁의 승리를 기원하며 사천왕상을 만들고 적극적으로 소가씨를 지원하였다. 그 결과,

쇼토쿠태자가 그려져 있는 구 일만엔권 화폐

소가씨의 숭불파가 종교전쟁에서 승리를 거머쥐었다. 오늘날, 다양한 종교
가 도입되었음에도 불구하고 일본이 종교로 인한 분쟁이 없는 나라가 된 것
은 쇼토쿠태자가 내세운 모든 종교의 조화를 지향한 신불유습합사상에서 비
롯된 것이 아닐까하는 생각이 든다.

능산리고분군과 능사를 모방한 쇼토쿠태자묘와 에이후쿠지

일본에서는 쇼토쿠태자의 수많은 업적에도 불구하고 인물 자체의 실존 여
부를 두고 논쟁이 뜨겁다. 쇼토쿠태자의 실존 여부를 밝히는 것은 그들의 몫
으로 미뤄두고, 우리는 쇼토쿠태자의 묘를 통해 일본이 백제문화의 영향을
받은 사실에 주목해야 한다. 쇼토쿠태자의 묘는 굴식돌방무덤으로 만들어졌
는데, 이는 백제 사비기 능산리 굴식돌방무덤의 영향을 받은 것이다. 백제와
긴밀한 관계에 있었던 소가씨가 쇼토쿠태자의 외가라는 점에서 백제계 장제
의 도입을 유추할 수 있다. 또한 무덤에 사용된 절석은 상당히 정교한 기술

에이후쿠지

로 만들어졌다.

쇼토쿠태자의 묘 바로 옆에는 에이후쿠지[叡福寺]라는 절이 있다. 이는 쇼토쿠태자가 죽은 해(622), 스이코천황에 의해 묘를 지키고 명복을 빌기 위해 만들어졌다고 한다. 마치 위덕왕이 부왕인 성왕의 명복을 빌기 위해 능산리고분군 바로 옆에 능사를 지은 것처럼 에이후쿠지와 능사는 닮은 구석이 있었다. 백제 사비기 능산리고분군과 능사의 영향을 받은 쇼토쿠태자의 묘와 에이후쿠지에서 백제문화의 짙은 향기를 느끼며 발걸음을 재촉하였다.

백제계 도왜인의 숨결이 느껴지는
치카츠아스카박물관과 이치스카 고분군
주 소 : 大阪府南河内郡河南町大字東山 299番地

오사카부립 치카츠아스카박물관은 '일본 고대 국가의 형성 과정과 국제 교류를 되짚어 보다'를 중심 테마로 삼고 있다. 치카츠아스카 박물관은 고분 중심의 박물관이며, 지역 전체가 유적박물관이라고 불리는 치카츠아스카의 핵심 문화시설로 1994년 3월 개관하였다. 치카츠아스카 박물관 뒤편으로는 '치카츠아스카 풍토기의 언덕'이라는 사적공원이 있다. 본래 이곳은 이치스카 고분군이 자리한 곳으로, 이를 보존하면서도 일반인들이 친숙하게 접할 수 있도록 개방하였다. 『풍토기』는 『고사기』, 『일본서기』와 같은 시대에 편찬된 지리지로 당시의 풍속이나 설화 등도 담고 있어 일본 고대인들의 사상과 생활상을 여실히 보여준다. 이치스카 고분군은 당시 백제계 도왜인들의 장례에 대한 고대관념을 알 수 있는 곳으로 '풍토기의 언덕'이라는 이름이 주는 느낌은 신선하였다.

이치스카 고분군은 1986년 6월 사적공원으로 지정되었으며, 오전 9시 30분에서 오후 5시까지 이용이 가능하다.

죽기 전에 꼭 봐야 할 세계 건축 1001가지 중의 하나

치카츠아스카 박물관에 가기 전부터 기대가 매우 컸다. 치카츠아스카 박물관은 '죽기 전에 꼭 봐야 할 세계 건축 1001'가지 중 하나로 선정된 곳이며 세계적인 건축가 안도타다오[安藤忠雄]의 건축물이다. 그는 어떠한 교육도 받지 않고 여행과 독학을 통해 건축에 입문하였다. 안도타다오는 일본의 주요 사찰이나 신사, 유적지 등을 방문하고, 공예가와 도시 설계자에게 도제 수업을 받으며 자신만의 방식으로 건축학을 체득해 나갔다. 건물의 느낌을 중시하고, 이를 형상화하여 표현함으로써 대중과 소통을 하였다. 치카츠아스카 박물관도 좋은 예이다. 치카츠아스카 박물관은 원래 전방후원분(前方後圓墳)이 있었던 자리이다. 안도타다오는 전방후원분을 그대로 살려 박물관을 지었으며, 그 결과 이 박물관은 오랜 세월 잠들어 있던 치카츠아스카 지역 유물들의 새로운 안식처가 되었다.

회색의 노출콘크리트와 끝없는 계단, 치카츠아스카 박물관 건축물이 주

치카츠아스카 박물관 전경

는 위압감은 상당하였다. 무덤처럼 음산함이 느껴
지며, 박물관 평면도를 보면 전방후원분과 흡사함
을 알 수 있다. 전방후원분은 무성한 나무로 가려
져 그 내부를 알 수 없지만 내부의 봉분은 계단식
으로 경사가 져 있다고 한다. 치카츠아스카 박물
관의 수많은 계단이 바로 전방후원분의 계단식 봉
분을 표현한 것이다.

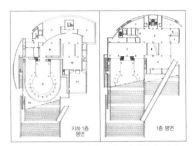

치카츠아스카박물관 평면도

치카츠아스카 박물관을 보는 관전포인트 3가지

치카츠아스카 박물관은 치카츠아스카 지역의 고훈~나라시대 유적과 유물
에 대한 전문 박물관이다. 이 박물관을 관람하는 데에는 3가지 포인트가 있
으며 박물관 내 전시실 구성 역시 이에 맞춰서 3개의 전시실로 운영되고 있
었다.

쇼토쿠태자묘 모형석관

첫째는 '치카츠아스카와 국제교류'라는 타이틀로 왜가 동아시아 국가와의 교류를 통해 고대 율령국가로 발전해나가는 모습을 다루었다. 전시실 내에는 쇼토쿠태자묘의 내부를 그대로 재현한 모형 석관이 있으며, 당시 활발한 교류를 상징하는 백제계 유물이 상당히 많이 전시되어 있다. 이는 거꾸로 백제의 국제성을 엿볼 수 있는 현장이 된다.

둘째는 '일본 고대국가의 원류'를 주제로 하여 일본 최대 규모의 전방후원분인 닌토쿠천황릉[仁德天皇陵]을 정점으로 한 고훈시대의 모습을 표현한 것이다. 박물관 전시실 중앙에는 닌토쿠천황릉을 축척 1/150로 만든 모형이 전시되어 있다. 일본이 자랑하는 전방후원분의 모든 것을 치카츠아스카 박물관을 통해 엿볼 수 있다.

축소모형의 닌토쿠천황릉

셋째는 '현대과학과 문화유산'으로 오늘날 현대과학이 고고학 조사 및 연구에 활용되는 점을 강조하였다. 5세기 고분의 해자에서 발견된 슈라[修羅]의 전시는 대표적인 예이다. 슈라는 말이 끄는 썰매로 이치스카 고분군 축조시 필요한 석재를 나른 것으로 추정된다. 14년이란 긴 시간의 보존 처리 끝에 오늘날 우리가 치카츠아스카 박물관에서 슈라를 볼 수 있게 된 것이다. 실제 보존 처리된 슈라는 압도적인 크기를 자랑하고 있었다. 슈라 자체를 끌기 위해서도 말 몇 마리가 필요할 것 같은데, 고분에 필요한 돌의 무게까지 더해지면 대체 몇 마리의 말이 필요한 것일까? 쉽게 가늠이 되지 않을 정도로 슈라는 대단하였다.

복원된 슈라의 모습

치카츠아스카 박물관은 주로 시대별로 전시실을 구성하거나 중심유물·유적을 주제로 하는 우리나라의 역사박물관과는 다르게 개성이 있다고 느껴졌다. '현대과학과 문화유산'이라는 주제를 하나의 타이틀로 하여 박물관 전시의 새지평을 열고 있는 것이다. 오늘날 문화재 보존에 있어서 현대과학의 기여도가 상당하며 어떻게 보존처리하느냐에 따라 문화재의 가치가 달라질 수 있다는 점에서도 이러한 주제의 전시구성이 참신하다는 생각을 하며 전시실을 돌아보았다.

난간으로 활용한 하니와

정연한 전시기법을 보여준 치카츠아스카 박물관

치카츠아스카 박물관의 전시 감각은 지금 생각해도 뛰어났던 것 같다. 박물관 내 난간이 필요한 곳에 난간 대신 실제 하니와를 그대로 옮겨와 전시한 것도 인상적이었다. 1m를 훌쩍 넘는 하니와들의 단이 정말 난간과 다름없어 보였다. 이 같은 전시 배치는 동적이며 유물의 활용도가 높아보였다. 또한 전시실 한 켠에는 사찰에서 출토된 기와를 사찰별로, 또 시기 순으로 정렬하여 사진 판넬과 실제 출토 기와 유물을 전시하여 기와 문양의 흐름을 한눈에 알아 볼 수 있었다.

가장 기억에 남는 것은 역시 신도하이지[新堂廢寺] 출토 기와였다. 일본에서 가장 오래된 신도하이지는 익산의 제석사지와 가람배치가 동일하다. 전시된 신도하이지 출토 기와는 익산 미륵사지의 육엽인동연화문(六葉忍冬蓮花紋)을 똑닮아 백제와 일본의 교류 흔적을 보여준다. 또한 백제 사찰의 가장 큰 특징인 와적기단은 아노하이지[穴太廢寺] 등 일본 사찰에서도 확인된

다. 백제에서 와적기단은 기와를 가로로 쌓아올린 평정식과 기와를 세로로 쌓되 서로 기대어 팔(八)자가 되도록 쌓은 합장식이 가장 많이 확인된다. 반면에 일본에서는 주로 평정식 와적기단이 많이 보인다.

이치스카 고분군에서 나온 고배 등의 토기 또한 시기 및 고분에 따라 진열하여 한 눈에 알아보기 쉽게 전시하였다. 전시된 유물을 감상하면서 유물의 감각적인 배치에 따라 유물이 지닌 가치가 더 높아진다는 것을 느꼈다.

정림사지 평정식과 합장식 와적기단(출처:국립부여문화재연구소, 2008, 『정림사지 8차 발굴성과 조사보고서』)

Tip. 치카츠아스카 박물관

· 입장시간 : 오전 9시 45분~오후 5시(매주 월요일과 연말연시에는 휴무)

· 입 장 료 : 어른 300엔, 고등학생 또는 65세 이상은 200엔

· 홈페이지 : http://www.chikatsu-asuka.jp

· 전화번호 : 0721-93-8321

바다를 건너 온 새로운 묘제, 이치스카 고분군의 굴식돌방무덤[橫穴式石室墳]

이치스카 고분군은 동쪽으로 이시가와가 흐르고 주변이 한눈에 내려다 보이는 곳에 위치하며, 저 멀리 후루이치 고분군까지 조망되는 미나미가와치 지역 최대 군집분이다. 이치스카[高安千塚] 고분군은 히라오야마센즈카[平尾山千塚] 고분군과 함께 오사카부 내 3대 군집분 중 하나이며 이 군집분의 존재는 에도시대 때부터 이미 알려져 있었다고 한다.

백제계 도왜인의 숨결이 느껴지는 이치스카 고분군을 직접 보기 위하여 풍토기의 언덕으로 향하였다. 곳곳에 가벼운 옷차림으로 산책을 즐기는 이들은 이미 이치스카 고분군에 동화되어 있었다. 풍토기의 언덕에는 102기 고분을 보존하고 있으며, 그중 40기 정도가 정비되어 직접 볼 수 있다. 매장 시설은 대부분 굴식돌방무덤으로, 이는 바다 건너 백제에서 온 새로운 묘제였다. 백제계 굴식돌방무덤은 죽은 자의 내세 생활을 바탕으로 한 묘제이다. 또 무덤길을 만들어 추가장이 가능함으로써 합장을 할 수 있는 새로운 형태의 무덤이다.

이처럼 백제계 굴식돌방무덤은 왜 왕권의 중심지인 나라, 오사카 등의 키나이 지역에서 가장 먼저 수장층의 묘제로 자리잡았다. 이후 전국적으로 보급되고 확산되면서 굴식돌방무덤 중심의 군집분이 성행하기도 하였다. 오늘날 불고 있는 한류 열풍의 진원지가 1,500년 전 백제 고분과 여기서 출토된 유물이라는 생각이 드니 새삼 가슴이 벅차올랐다. 군집분은 왜국 내 유력씨

B-16호분의 외부와 내부 모습

D-4호분 내부로 들어가는 모습

족이 자신들의 권력과 위엄을 과시하고자 하는 수단이 되었고, 이치스카 고분군처럼 백제계 도왜인들에 의해 조영된 군집분도 있다.

우리는 풍토기의 언덕 능선을 타고 올라가면서 한 일족의 무덤이었을 것으로 추정되는 곳을 둘러보았다. 이치스카 고분군은 고분 내부도 볼 수 있도록 정비하였다. 랜턴을 가지고 직접 들어가서 고분 내부를 살펴본 것이 참 인상깊었다. 우리나라에서는 들어갈 수 없도록 쇠문에 쇠창살까지 해놓아 항상 그 내부가 궁금했었는데, 이곳에서 그 궁금증을 해결할 수 있었다. 굴식돌방무덤 내부로 들어가는 통로에서부터 커다란 돌들이 세월을 뒤로 하며 나를 맞이하고 있었다. 등골의 서늘함을 느끼며 무덤 안에 다다르자 천정석의 크기와 기울임 정도가 한 눈에 들어왔다. 특히 고분군 내에서 가장 큰 규모인 D-4호분의 내부는 상당히 넓었고, 입구보다 높이가 높아서 몸을 숙이지 않고 똑바로 서 있어도 머리가 천정석에 닿지 않았다. 죽은 자의 공간이 낯설고 무섭기도 하였지만 켠켠이 쌓인 돌들을 바라보며 이국 땅에서 백제의 흔적을 남긴 이들이 대단하다는 생각이 머릿속을 떠나지 않았다.

강유나 (공주대학교 사학과)

백제계 씨족들의 중심 무대, 하비키노시

코 스
야츄지[野中寺] ⇨ 사이린지[西琳寺] ⇨ 오진[應神]천황릉 ⇨ 하카야마 고분[墓山古墳] ⇨ 아스카베 신사[飛鳥戶神社] ⇨ 간논즈카[觀音塚]

하비키노시는 오사카 남동부에 위치하며 곤고[金剛] 산지 서쪽 기슭에 자리한다. 하비키노시의 중북부는 대개 평지이며 중앙부 서쪽은 야마토가와의 지류인 이시가와가 남쪽에서 북쪽으로 흐르고, 서부에는 나라 현 경계에서 이어지는 구릉지대가 있다.

이 일대는 백제계 씨족인 갈정씨(葛井氏), 선사씨(船史氏), 진씨(津氏) 등 백제계 씨족이 많이 퍼져 살고 있었던 곳으로 주목된다. 능묘·고분·사찰·신사 등의 사적이 많으며, 대부분 4~6세기경 한반도에서 건너간 도왜인들에 의한 축조물이다. 백제계 도왜인들은 다케우치카이도[竹内街道]와 나가오카이도[長尾街道]를 통해 이동하고 뿌리를 내리며 이 지역의 문화에 많은 영향을 미쳤다.

쌍둥이처럼 닮은 야츄지와 사이린지

주 소 : 야츄지 – 大阪府羽曳野市野々上五丁目 9番 24号
　　　　사이린지 – 大阪府羽曳野市古市 2-3-2

야츄지는 후네씨가 창건한 씨사(氏寺)이다. 나라시대에 창건된 야츄지는 명찰로 소문이 자자하였다고 한다. 현재의 야츄지는 남북전쟁으로 소실되어 에도시대 때 재건된 것이며, 당시의 것은 중문터, 대웅전터, 탑터, 회랑터 등의 초석만 남아있다.

후네씨는 왕지인수(王智仁首)라고도 하는 왕진이(王辰爾:오신니)를 시조로 모시고 있다. 『속일본기(續日本紀)』에 따르면 왕진이의 조상은 백제 근구수왕(近仇首王)의 손자인 진손왕(辰孫王)이며, 오진천황[應神天皇] 때 왜로 건너왔다고 한다. 왕진이는 긴메이천황 14년(553), 소가씨의 명을 받아 선박의 세금 징수를 담당하는 선장(船長)이 되었고 이에 선사라는 성씨를 하사받았다. 왕진이에 관하여 재미있는 일화도 『일본서기』에 전해져온다. 비

야츄지 입구

다쓰천황 원년(572), 고구려에서 보낸 외교문서가 어려운 나머지, 왜왕이
한문 해석에 능한 모든 사(史)를 불러 모아 해독하게 하였다. 그러나 3일 동
안 아무도 풀지 못하던 차에 선씨의 조상인 왕진이만이 능히 읽어내어 천황
의 후한 칭찬을 받았다는 내용이다. 게다가 고구려가 보낸 외교문서는 까마
귀 깃털에 쓴 것으로 까만 깃털에 까만 먹으로 써내려간 글자를 읽을 수 있
는 사람이 누가 있었겠는가. 그러나 오직 왕진이만이 깃털을 밥의 증기로 쪄
내어 하얀 비단 위에 깃털을 눌러 또렷하게 찍힌 글자를 읽어냈으니 천황은
물론 조정의 모든 대신들이 이를 얼마나 기이하게 여겼을까. 설마 고구려가
까마귀 깃털에 외교문서를 보냈을까 싶지만 이는 왕진이의 박식함과 지혜를
보여주는 일화라고 생각된다. 이 사건 이후로 왕진이는 천황이 거처하는 궁
궐 안에서 천황을 가까이 섬길 수 있는 특권을 받게 되었다고 한다.

　야츄지를 둘러 본 이후 사이린지로 향하며 주택이 늘어선 골목길을 걸어
가다 보니 한 사원이 보였다. 우리는 그곳에서 흥겨운 노래와 분주한 손놀림

마츠리 준비 중인 동네 주민들의 모습

을 보이는 동네 사람들의 모습과 마주하였다. 오늘은 사이린지의 마츠리가
있는 날이었던 것이다. 마츠리를 빼놓고 설명할 수 없는 일본! 성대한 마츠
리는 아니었지만 동네 사람들이 똘똘 뭉쳐 마츠리를 준비하는 모습을 보니
'내가 정말 일본에 왔구나'를 다시 한 번 실감하였다. 사이린지는 왕인박사
를 시조로 모시는 서문씨의 씨사로, 창건된 당시에는 매우 웅장하고 화려하
였는데 여러 번의 병화와 메이지천황의 폐불정책으로 지금은 주택가 골목의
사원으로 전락하였다.

야츄지와 사이린지는 백제계 도왜인 씨족의 씨사라는 점 말고도 아주 커
다란 심초석이 남아있다는 공통점이 또 있다.

먼저 야츄지 삼층목탑의 심초석은 중심기둥 하나와 보조기둥 3개로 이루
어진 구조로 이 또한 일본에서 보기 드문 예이다. 다만 호류지[法隆寺]와 니
지[尼寺], 타치바나데라[橘寺], 사이린지에도 이러한 구조의 심초석이 보이
며, 이 5곳 모두 쇼토쿠태자 전설과 관련있는 공통점을 찾을 수 있다. 이들

의 위치를 연결하면 하비키노를 통해 호류지를 지나 나라까지 이어지는 고대의 루트가 보인다.

현재 심초석의 기둥자리에는 물이 고여 있지만 기둥자리 내부에는 조그마한 구멍이 있다. 바로 그곳이 사리공이라고 한다. 고대 심초석의 사리공에 사리장엄구를 봉안하는 것은 일반적인 것이었다. 백제나 신라 초기의 목탑지에서는 대부분 방형 사리공이 있는 심초석이 발견되었다. 이러한 양식은 일본에도 전해져 가장 이른 시기의 아스카데라 목탑지에서도 방형의 사리공이 마련되었다. 그러나 7세기 이후가 되면 사리공의 형태가 원형으로 변화된다. 또한 사리공의 위치도 심초석의 윗면에 한정된 것이 아니라 측면의 아래쪽으로 바뀌거나 하나의 탑에 2개 이상의 사리공이 마련되는 등의 변화가 일어난다. 이는 사리공이 백제로부터 전래되었지만 사리공의 형태나 위치가 일본 내에서 그 나름대로 자리를 잡는 과정을 보여준다. 야츄지 심초석의 두께는 표면상 10cm 안팎으로 보였는데, 실제로는 2m에 달한다고 한다. '과연 땅 속 깊은 곳에 얼마나 큰 심초석이 자리를 하고 있는 것일까' 상상이 되지 않는다. 야츄지의 심초석이 사이린지의 것과 다른 점은 바로 거북이의 눈과 입을 닮은 심초석의 표면이다. 이를 처음부터 의도한 것인지 아닌지 명확하게 알 수는 없다. 그러나 아스카 지역에서 거북이 모양 수조가 발견된 것

<범 례>
1. 사이린지
2. 야츄지
3. 니지
4. 호류지
5. 타치바나데라

하비키노~나라를 잇는 고대 루트에 자리한 사찰

을 보면 야츄지의 심초석 또한 처음부터 거북과 관련 있었던 것이 아닐까싶다. 장수를 상징하는 거북의 관념이 이때에 유입된 것을 보면 가능성이 없진 않을 것이다.

야츄지의 심초석 못지않게 커다란 사이린지의 심초석은 가장 긴 변의 길이 3.2m, 작은 변의 길이 2.8m, 높이 1.95m로 추정 무게가 2.8톤에 달한다. 심초석만 보고도 사이린지의 규모가 짐작되지만 카마쿠라[鎌倉] 중기의 『태정관부(太政官符)』에 "동쪽으로는 아스카노쇼오, 서쪽은 하비키야마, 남쪽은 키시노쇼오, 북쪽은 곤다천황릉 북쪽"이라는 기록이 사이린지의 규모를 실감나게 해준다. 사이린지의 심초석 겉면의 구멍자리는 강 건너 간논에서부터 큰 돌을 옮겨오기 위한 고대인의 지혜가 엿보이는 것으로, 심초석의 원산지가 간논즈카[觀音塚]임을 알 수 있다. 심초석을 가공한 것이나 마연한 것을 보면 간논즈카와 기술이 유사함에서 확인된다.

오진천황이 묻힌 곳, 후루이치 고분군

주 소 : 大阪府羽曳野市誉田

후루이치 고분군은 야마토가와와 이시가와가 합류하는 부근인 나카카와치[中河內]에 위치한다. 이 지점은 고분 시대 왕궁이 있는 나라분지 지역과 해상교통의 거점인 현재 오사카시의 나니와 지역과의 중간이다. 나라 분지와 나니와 지역 사이에는 야마토가와를 이용한 하천교통이 있었다. 또 양 지역 간에는 표고 600m의 이코마야마와 900m의 카츠라기야마를 넘어가는 몇 개의 육로들이 교통상의 중요한 역할을 담당하였다.

후루이치 고분군은 길이 400m가 넘는 초대형 전방후원분인 곤다고뵤야마[誉田御廟山] 고분에서 한 변이 10m에 못 미치는 소형분까지 다양한 크기의 고분으로 구성되어 있다. 원래는 전방후원분 31기, 원분 30기, 방분 48기, 그 외 14기 등 총 123기였지만 현재 44기 정도 남아있다.

후루이치 고분군에서 주목할 점은 2008년 다이센릉[大仙陵 : 닌토쿠천황릉 추정]를 포함한 모즈 고분군[百舌鳥古墳群]과 함께 세계문화유산 잠정목록에 추가되었다는 것이다. 모즈·후루이치 고분군 세계문화유산 등록추진본부회가 오사카·사카이시·하비키노시·후지이데라시가 공동으로 모즈·후루이치 고분군의 세계문화유산 등록을 실현하고자 애쓴 덕분이다. 최근에는 시민들과 함께하는 설명

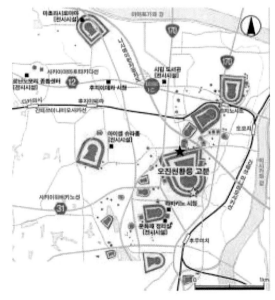

후루이치 고분군 분포도 (출처: 후루이치 고분군 팸플릿)

회를 개최하여 세계문화유산 등재에 잰 걸음을 옮기고 있다. 우리나라의 백제역사유적지구는 2015년 7월 세계문화유산으로 등재되었으며, 이들도 좋은 결과가 있길 바란다.

한 눈에 볼 수 없을 정도로 거대한 오진천황릉

쿠나이쇼[宮內廳] 마크가 달린 울타리가 없었다면 산 그 자체였다. 오진천왕릉은 전방후원분으로 그 거대한 규모를 앞에 서서는 전혀 가늠할 수가 없었다. 전체길이 425m, 원부의 지름 250m, 방부의 폭은 300m로 전방부 일부에 변형이 있으나 축조 당시의 원형이 잘 보존된 편이다. 방부의 높이는 약 12층 높이(36m)의 건물에 해당한다. 사용된 흙은 대형 덤프트럭 약 17만 대분(143万㎥)으로 규모 면에서는 일본열도 최대의 무덤이다. 고대의 공법대로 만든다면 1일 최대 2,000명의 노동자가 15년간 일해야 가능하다는

오진천황릉

계산이 나온다. 이를 만들기 위해 얼마나 많은 사람들이 구슬땀을 흘렸을까. 당시 오진천황의 권세가 어마어마하였기 때문에 이처럼 거대한 전방후원분이 만들어졌을 것이다.

오진천황릉의 후원부 남쪽에는 곤다하치만[譽田八幡] 신사가 있다. 적어도 11세기 중엽 무렵에는 이 신사에서 오진천황에 대한 제사를 지냈다 한다. 사실 오진천황릉은 구체적인 고고학적 발굴조사 없이 쿠나이쇼의 발표에 따라 확정되었다. 이에 대해 일부 학자들은 오진천황릉이라는 이름 대신에 지역의 명칭을 따서 곤다고뵤야마 고분으로 부를 것을 주장하기도 하였다. 쇼토쿠태자의 묘도 그러하였듯이 일본 천황가의 무덤은 쿠나이쇼의 단호한 입장에 의해 학술조사를 할 수가 없다. 천황가의 신성함도 중요하지만 역사를 공부하는 사람의 입장에서 본다면 이처럼 아쉬울 수가 없다. 이는 세계문화유산 등재에 가장 걸림돌이 되는 문제로, 이에 대한 공개적인 접근이

필요하다.

그렇다면 일본 천황의 무덤 속에는 무엇이 있을까? 딸림무덤(陪塚)에 대한 학술조사를 통해 미루어 짐작해 볼 따름이다. 오진천황릉의 딸림무덤에서만 국보급의 금동으로 만든 안장꾸미개 등의 마구류와 무기류, 구슬류, 등이 발견되어 우리를 놀라게 한다. 인간의 욕심은 끝이 없다고 했던가. 천황릉 안에 얼마나 대단한 것들이 있을지에 대한 궁금증이 내 머릿속에 가득하였다.

뱃속에 아이를 품고 한반도 정벌을 나섰다는 강철 여인?

오진천황은 그 자체로 돋보이는 것이 아니라 어머니가 진구[神功]황후라는 점에서 우리들의 흥미를 끄는 인물이다. 오진천황은 어머니 진구황후와 아버지 주아이[仲哀]천황 사이에서 태어났다고 전한다. 현재 학계에서는 오진천황을 부정하는 견해가 지배적이지만 그는 『일본서기』관점에 의하면 한반도를 관할한 상징성 있는 인물이라는 점에서 주목된다.

『일본서기』에 의하면 하늘의 계시를 받은 진구황후가 신라를 정벌하러 오자 신라와 백제, 고구려가 머리를 조아리며 조공을 바치겠다고 하였다. 이것이 소위 말하는 진구황후의 한반도 정벌 이야기로 이른바 '임나일본부' 설치의 기원이 되기도 한다. 더욱 흥미로운 것은 진구황후가 한반도를 정벌할 때 뱃속에 태아가 있었는데, 이가 바로 오진천황이라는 점이다. 진구황후는 뱃속의 태아를 돌로 눌러가며 출산을 지연시켰고 한반도 정벌 이후에 오진천황을 낳았다고 한다. 이는 어디까지나 전설에 불과하지만 진구황후가 여성의 몸으로 임신 중에 전쟁터에 나갔다는 설정 그 자체도 과장이 심하다.

우리는 이러한 『일본서기』의 내용이 실제 역사적 사실과는 상당히 다르기 때문에 걱정하지 않아도 된다. 고대 일본의 발전 단계상 당시 일본은 통일국가를 형성하지 못한 시기였으며 한국학계는 물론 일본학계에서도 진구황후의 한반도 정벌을 역사적 사실로 인식하는 견해는 거의 찾아볼 수 없다. 따라서 진구황후의 한반도 정벌은 바다 건너 한반도의 백제, 고구려, 신라에 대한 왜의 동경심 내지 지향성에서 비롯되었으며, 천황으로 대표되는 왜 수장층의 신성성과 영웅성 등을 강조하는 신화로 보는 것이 바람직하다. 엄마의 뱃속에서부터 한반도를 경험했던 오진천황이 죽어서도 백제계 도왜인들의 밀집지역인 이곳에 묻혔다는 사실은 우연의 일치일까 흥미롭게 느껴진다.

엄청난 양의 철기가 부장된 하카야마 고분[墓山古墳]

하카야마 고분은 오진천황릉보다 규모만 작았을 뿐 절대 만만한 고분이 아니다. 빽빽이 들어찬 나무로 울창한 숲이 우거졌으며 이를 둘러친 푸른 물의 해자가 우리를 맞이하였다. 하카야마 고분은 오진천황릉의 남서쪽에 위치한 딸림무덤으로 알려져 있다. 대개 딸림무덤은 방형을 띠는 편인데, 하카야마 고분은 특이하게도 전방후원분의 형태를 갖추고 있었다. 더구나 이러한 딸림무덤은 키나이 지역에서만 보인다고 하니 하카야마 고분은 여러모로 특이하였다. 이 고분 주위에도 또한 4기의 딸림무덤이 있다. 그 중의 하나인 니시하카야마 고분[西墓山古墳]은 방분이며 하카야마 고분의 서쪽에 있다고 하여 이름이 붙여졌다. 발굴조사 결과 도검 200점, 농경 도구 2,000점 이상 대량의 철기가 출토되었으며 인체 매장을 위한 시설을 보이지 않아 부장용 딸림무덤으로 추정된다. 이처럼 후루이치 고분군이나 모즈고분군 내에는 부장을 위한 딸림무덤일 가능성이 높은 고분이 몇몇 있다고 한다. 그러나 백제에서는 부장품만 묻은 사례는 거의 없다. 무덤은 사람을 묻기 위한 것인데, 부장품을 위한 무덤이 따로 있다니, 이를 어떻게 보아야 할지 난감하였다.

하카야마 고분과 해자

곤지의 후예 씨족들이 자리한
아스카베 신사와 간논즈카
주 소 : 大阪府 羽曳野市 飛鳥字 観音塚

아스카베 신사가 위치한 곳은 고대 가와치국의 아스카군[安宿郡]으로 세토나이카이와 야마토를 연결하는 교통의 요충지였다. 현재까지도 수륙의 교통이 정비되어 있었던 흔적이 남아있다. 이 지역은 아스카라고 불리듯 아스카베 씨족과 관련이 깊은 지역이다. '비조'와 '안숙'은 모두 아스카라고 읽히는데 모두 '편히 쉬다'라는 뜻을 지니고 있다. 이 뜻에 걸맞게 아스카베 신사가 위치한 마을은 조용하며 정취가 느껴지는 곳이었다.

백제계 도왜인 세력을 규합한 곤지
아스카베 신사는 곤지의 후손인 아스카베[飛鳥戸] 씨족이 세운 신사로 곤

지를 주신으로 모시는 곳이다. 『신찬성씨록』의 "백제국의 곤지왕(昆支王)의 후예 또는 백제국의 말다왕(末多王:동성왕)의 후손들이다."라는 기록을 통해 아스카베 씨족이 백제계 도왜인이라는 것을 확인할 수 있다. 아스카베 씨족은 어떤 생활 기반을 가졌는가 알 수 없으나 다른 문필씨족과 마찬가지로 물자의 유통 및 수송 관리 일을 하였을 것으로 생각된다.

곤지는 『일본서기』 기록에 의하면 개로왕의 동생으로 왜로 건너간 인물이다. 야마토국의 수도가 아닌 가와치 지역에서 곤지는 백제계 도왜 세력을 규합하고 이를 기반으로 백제와 왜 사이의 우호적인 외교관계를 형성하며 활동하였다. 왜국은 가와치 지역의 백제계 도왜인을 통해 그들의 선진문화를 수용하며 발전해나갔다. 백제계 도왜인들이 주도한 관개농법으로 이 지역의 농업 생산력이 증대되고, 정치가 발전해나간 중심에는 바로 곤지가 있었다. 곤지는 가와치 지역의 백제계 도왜인들을 규합하여 왜국의 적극적으로 협조하면서 왜국으로부터 군사적 지원을 이끌어내고자 하였던 것이다. 비록 한

반도에서는 흑룡의 출현과 함께 유명을 달리했지만 일본열도의 아스카베 신사에서는 오늘날까지 그를 기리고 있다. 아스카베 신사에서는 곤지 말고도 병을 낫게 해준다는 스사노[スサノオ]라는 일본의 가장 일반적인 신을 모신다고 한다. 그렇다면 오늘날 이 지역 주민들은 곤지에게 아스카 포도 농사의 풍년을 빌었는지도 모르겠다. 그 옛날, 요술부리듯 농수를 쥐락펴락했던 곤지의 화려한 전적이 있으니 말이다.

백제문화의 현주소 아스카베 신사

아스카베 신사는 국가 사변 발생 시에 조정에서 제사를 지내는 180개의 명신 중의 하나였다. 천황이 있는 수도에서부터 멀리 떨어진 이곳에 명신 아스카베 신사가 있는 것은 고닌[光仁]천황의 어머니와 부인 때문이었다. 어려서부터 철이 없던 고닌천황이 뒤늦게 천황에 즉위하면서 그의 부인 고야신립(高野新笠)이 보필하였는데, 고닌천황의 부인이 바로 곤지의 아들인 무령왕의 후손이었다. 그녀는 백제인이라는 이유로 고닌천황의 정실부인이 되지 못하였고, 고닌천황 사이에서 낳은 간무[桓武]천황 역시 신분적 문제에 부딪쳤다. 역경을 딛고 즉위한 간무천황은 자신이 백제계임을 내세웠으며, 화려한 헤이안시대를 개막하였다. 간무천황의 어머니가 곤지의 후예이기 때문에 그가 즉위 후에 관심을 가졌을 것은 자명하다고 생각된다.

아스카베 신사는 『삼대실록(三代實錄)』에 의하면 880년 8월, 봄과 가을에 지낼 제사를 위하여 조정으로부터 논을 하사받을 정도로 격식이 높은 신사였다. 그러나 오늘날의 아스카베 신사는 지난날의 명성이 의문스러울 정도로 초라한 기운만이 감돌았다.

아스카베 신사 입구를 통해 안으로 들어서면서 작지만 붉은 도리이가 세워져 있는 걸 보니 정말 신사라는 게 느껴졌다. 조그마한 목조 건물의 미닫이문을 열고 들어가니 벽면을 따라 하얀 종이 마다 이름이 써져 있었다. 이

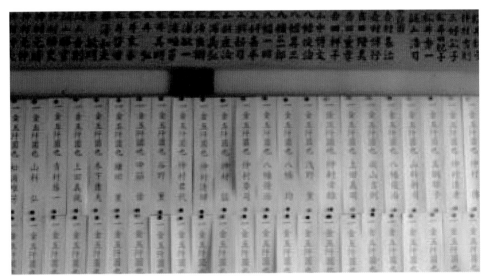
아스카베 신사에 성금을 낸 주민들의 명부

것은 신사에 성금을 낸 주민들의 명부라고 한다. 현재 아스카베 신사의 유지·보수는 일본 정부가 아닌 하비키노시의 주민들에 의해 이루어지고 있다고 한다. 이들이 마음을 다해 내놓은 성금이 없었다면 아스카베 신사는 일찍이 소리 소문없이 사라졌을 것이다. 관리되지 않는 백제 곤지왕 신사의 모습은 백제문화를 바탕으로 성장한 일본이 그들의 뿌리를 무시하는 현실을 보는 것 같아 씁쓸하였다.

아스카베 신사의 배전은 정말 낡고 허름하였지만 이 모습만이라도 볼 수 있는 것에 감사함을 느꼈다. 이를 통하여 그 옛날 백제계 도왜인들을 진두지휘하던 곤지의 모습을 떠올리게 된다는 그 자체도 소박한 행복이 아닐까.

아스카베 씨족의 상징 간논즈카
아스카베 신사의 북동쪽 하치부세야마[鉢伏山]에 자리한 아스카센즈카[飛鳥千塚]는 아스카베 씨족의 분묘로 추정되고 있다. 현재 포도밭으로 뒤덮였

간논즈카 입구

으나 여전히 많은 고분이 자리하고 있으며, 그 중에서도 간논즈카(觀音塚)가 제일 유명하다. 간논즈카는 7세기 중엽, 백제 사비기 굴식돌방무덤의 영향을 받아 축조되었다고 한다. 그러나 메이지시대 때, 간논즈카는 도굴이 되어 남아있는 부장유물의 내용을 현재로서는 알수가 없다고 한다. 그렇지만 뛰어난 돌쌓기 기술과 나무로 자른 듯 정연한 마름돌은 백제 석공의 기술이 들어간 것을 분명하게 보여준다. 이처럼 돌을 가공하는 기술이 사용된 무덤은 이 지역에서 흔치 않다고 한다.

간논즈카를 보기 위해 풀숲을 헤치며 올라가보니 이를 알려주는 낡은 안내 표지판만 덩그러니 서있었다. 1981년 국가사적으로 지정되었음에도 불구하고 주민들에 의해 포도밭으로 개간되면서 간논즈카를 비롯한 아스카센즈카가 방치되고 있었던 것이 여실히 드러났다. 또 간논즈카 주위에 무성하게 자란 풀이 이내 입구를 덮어버릴 것만 같았다. 국가에 의한 관리를 받지

못하는 유적지의 설움이 이런 것인가 보다.

그래도 전망이 탁트인 간논즈카에서는 저 멀리 쇼토쿠태자의 묘와 스이코 천황의 묘가 내려다 보였다. 간논즈카에 오르기 전, 허름한 과일가게에서 산 아스카의 포도를 먹으며 포도의 맛과 간논즈카에서 내려다보이는 경치에 감탄하고 또 감탄하였다. 아스카의 포도맛을 절대 잊을 수 없을 것 같다.

강유나 (공주대학교 사학과)

후지이씨의 기반, 후지이데라시

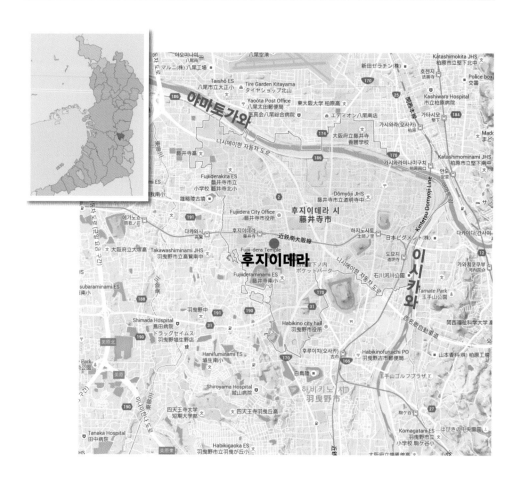

후지이데라시는 일본 오사카부 중동부에 있으며, 일본의 시 가운데 6번째로 면적이 작은 도시이다. 야마토가와와 이시가와의 합류점에 위치하며, 평탄한 지형을 갖추고 있다. 옛날부터 이곳은 사카이와 나라를 연결하는 나가오카이도와 다케우치타이도, 다카노야마[高野山]로 통하는 히가시코야카이도[東高野街道]가 통하고 있었다. 후지이데라시는 시의 지명이 후지이데라에서 유래하였을 정도로 후지이씨와 관련이 깊은 도시이다.

후지이씨의 씨사, 후지이데라
주 소 : 大阪府 藤井寺市岡二丁目 7-18

후지이데라는 백제계 도왜인인 후지이씨[藤井氏]의 씨사로, 725년 갈정급자(葛井給子)가 쇼무[聖武]천황의 불교진흥 정책에 호응하여 행기(行基)라는 백제계 스님과 함께 창건하였다. 쇼무천황은 724년 11면천수천안관음보살상(11面千手千眼観音菩薩像)을 만들도록 명하였다. 다음 해에는 천황이 자리한 가운데 행기스님이 개안법요(開眼法要)를 행하였는데 이를 후지이데라의 창건 시기로 보고 있는 것이다. 11면천수천안관음보살상은 일본에 현존하는 가장 오래된 천수관음상 중의 하나이며, 1952년에는 국보로 지정되었다. 또한 매년 8월 9일에 천일참배(千日参り)가 이루어지며 많은 이들이 참배를 하기 위해 모인다고 한다. 이때 특별히 천수관음상이 개장된다. 후지이데라는 여러 차례의 수난에도 불구하고 당시의 초석과 그 윗면의 원형 자국이 아직도 그대로 남아 오랜 세월의 흔적을 보여준다.

후지이데라의 경내를 구경하다보니 울긋불긋한 우리나라의 단청과 달리 무채색을 띠는 일본의 단청이 눈에 띄었다. 우리나라의 단청은 청·적·황·백·흑의 5가지 색을 기본으로 아름답고 화려하게 장식하여 잡귀를 쫓는 벽사의 뜻이나 위엄, 권위를 나타낸다. 그러나 일본의 단청은 흑백의 단조로

후지이데라의 본당

움이 특이하였다. 일본은 오늘날까지 남아있는 전통목조건축의 규모나 수가 가장 많은 편이다. 그러나 대부분 일본의 단청은 한국과 중국 단청의 다양한 문양장식 또는 강렬한 색조대비와는 달리 차분한 분위기를 보여주는 듯하다. 일본의 씨사는 사찰이라고는 하지만 우리나라의 사당처럼 조상을 모시는 경건한 곳이기 때문에 화려한 단청을 피한 것이 아닐까 하는 생각이 들었다.

신유진 (백제세계유산센터 학예연구사)

이시가와에서 백제까지, 돈다바야시시

코 스

신도하이지[新堂廢寺]

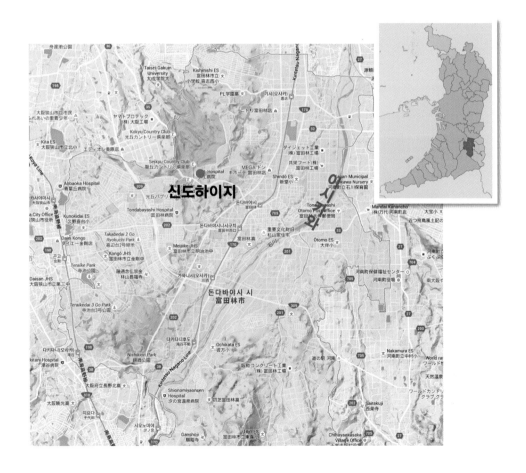

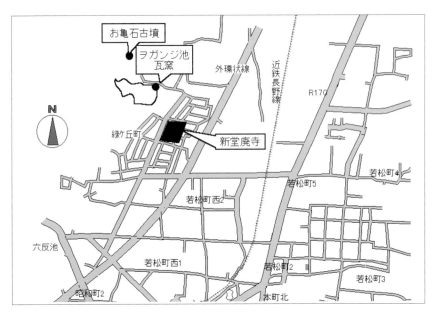

신도하이지 위치도
(출처:富田林市教育委員会, 2000.11.18, 「新堂廃寺 現地説明会資料」)

① 신도하이지 ② 오간지이케 기와가마유적 ③ 오카메이시고분

돈다바야시시(富田林市)는 오사카부 미나미가와치 지역에 있는 시이다. 동쪽 평탄부는 남북으로 흐르는 이시가와를 끼고 평야가 펼쳐져, 옛날부터 마을이 있었을 것으로 추정된다. 돈다바야시시의 남쪽은 웅대한 곤고야마[金剛山]과 카츠라기야마[葛城山]의 봉우리들이 이어져 있어 무성한 언덕과 아름다운 전원 풍경이 펼쳐져 있다.

특히 이시가와를 조망할 수 있는 구릉 위에는 이 유역을 중심으로 번성하였던 씨족의 수장 고분들이 많이 조영되어 있다. 또한 『일본서기』 비다츠천황 12년(583)에 보이는 백제촌(百濟村), 하백제(下百濟)라는 지역이 돈다바야시시 일대로 추정되고 있어, 이 지역이 백제와 밀접한 관련이 있었음을 알 수 있다.

1탑 1금당의 백제계 사찰, 신도하이지
주 소 : 大阪府富田林市綠ヶ丘町 1604-1

신도하이지(新堂廢寺)는 오사카 평야 남부 하비키노 구릉, 야마토가와의 지류인 이시가와가 형성한 하안 단구 위에 위치한다. 이 유적은 문헌사료에는 보이지 않지만, 발굴조사를 통해 아스카시대 전반에 창건한 초창기 고대 사찰 유적임을 확인 할 수 있었다.

신도하이지는 1936년 석전무작(石田茂作)라는 사원 전문가에 의해 아스카시대 유적으로 알려졌다. 이후 1959년에는 이곳에 부영주택(府營住宅)을 짓고자 하다가 사찰기단이 발견되어 건축이 취소되고, 발굴 결과 1960년 탑, 금당, 강당이 일직선으로 된 건물지의 실체가 드러나게 되었다. 이와 같은 구조는 전형적인 백제 사찰 양식이며, 일본열도 초기의 사찰에서 백제 불교 전파의 실체를 확인하였다는 데에 큰 의미가 있다.

동편의 유적은 이미 주택이 들어서 발굴을 하지 못하다가 1992년 동편의

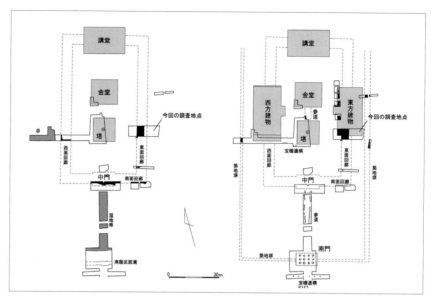

講堂

金堂

塔

今回の調査地点

谷

西面回廊

東面回廊

中門

南面回廊

湿地帯

南限区画溝

講堂

金堂

塔

西方建物

参道

東方建物

今回の調査地点

宝幢遺構

西面回廊

東面回廊

築地塀

中門

南面回廊

築地塀

参道

南門

築地塀

宝幢遺構
ほうどう

0   30m

창건기 가람배치 복원 추정도(왼쪽)와 재건후 가람배치 복원 추정도(오른쪽)

아파트 재개발사업과 맞물려 1996년에 발굴이 이루어졌다. 발굴조사 결과 1탑 1금당의 백제식 가람이 있었음을 확인하였고, 이후 2004년에 남서쪽, 2006년에 서쪽에 대한 발굴이 진행되었다. 그 결과 창건기와 재건기로 가람배치가 구별되고, 재건기의 경우 창건기와 비교했을 때 양 측면에 건물지가 확인된다.

주목되는 점은 신도하이지 주변에는 사찰에 기와를 공급한 오간지이케[オガンジ池] 기와가마유적[瓦窯跡]과 사찰 창건에 관여한 인물의 것으로 추정되는 오카메이시고분[お龜石古墳]이 있다는 점이다. 따라서 이 곳은 사찰, 가마, 고분이 근접하고 있는 중요한 유적으로, 2002년 12월 19일 국가사적으로 지정되었다.

현재는 유적이 복토되어 펜스가 둘러져 있으며, 대강의 위치 정도만 파악할 수 있다. 신도하이지 앞에는 빛바랜 안내판만이 과거의 영광을 보여주고

신도하이지 현재 모습

신도하이지 안내판

신도하이지 출토 기와(출처:『広報ふじいでら』第360号 1999年 5月号)

오카메이시고분

　한류 열풍의 진앙지 일본 가와치 河內

있을 뿐이었다.

신도하이지 창건의 주역, 오간지이케 기와가마터와 오카메이시고분

신도하이지와 오간지이케(オガンジ池) 기와가마터, 오카메이시고분(お龜石古墳)은 어떤 관계일까. 먼저 오간지 기와가마터는 1969년과 1985년에 조사가 이루어졌다. 그 결과 신도하이지에서 사용된 백제식 기와가 출토되었다. 오카메이시고분의 내부 벽 또한 신도하이지와 오간지이케 기와가마터에서 출토된 것과 같은 기와들이 발견되었다. 이를 통해 우리는 자연스럽게 오간지이케 기와가마를 통해 사찰도 짓고, 고분도 지었던 것을 알 수 있다.

오카메이시고분은 하비키노 구릉에서 남동쪽으로 돌출된 능선에 해발 약 98m위치에 축조되었다. 7세기 전반 무렵에 축조된 것으로 추정되는 이 고분은 굴식돌방무덤으로 일찍이 도굴된 흔적이 있어 유물은 없지만 신도하이지를 건립한 사람일 것으로 추정된다.

그렇다면, 오카메이시고분에 매장된 인물은 과연 누구일까? 이와 관련하여 주목되는 인물은 일라(日羅)이다.『일본서기』에 의하면 일라는 비다츠천황 12년(583)에 죽은 인물로, 그가 죽고 나서 그 처자식을 현재의 돈다바야시시에 살게 하였다 한다. 일라와 이 고분을 일치시킬 수는 없지만 위치가 일치함을 볼 때 최소한 일라 일족과 관련이 있는 인물임은 추정할 수 있다.

전형적인 백제계 사찰과 기와 가마, 고분이 세트로 발견된 것은 매우 드문 일이다. 생산 기반과 생활 기반, 사후 공간 등 복합적인 공간의 연결을 통해 한 일족의 삶을 복원할 수도 있는 것이다. 이런 좋은 자료에 대한 관심을 갖고, 백제계 도왜인의 실체를 밝혔으면 하는 바람이다.

신유진 (백제세계유산센터 학예연구사)

사야마이케가 상징인 오사카사야마시

코 스

사야마이케박물관[狹山池博物館]

오사카사야마시는 오사카부의 남동쪽에 위치하고 있는 시이다. 시 중앙에는 일본에서 가장 오래된 댐식 저수지로 여겨지는 사야마이케(狹山池)가 있어 시의 상징이 되고 있다. 이 지역의 이름이 사야마이케에서 이케[池]만 빠지고 오사카사야마시로 붙여진 것도 이러한 연유이다. 오사카사야마시는 고대 타지히노코오리[丹比郡]로 비정되는 지역이다.

백제와 왜 사이 기술교류의 집약판을 보다, 사야마이케박물관
주 소 : 大阪府大阪狹山市池尻中 2丁目

사야마이케는 7세기 초에 만들어진 가장 오래된 댐식 저수지이다. 박물관은 사야마이케를 개수할 때 발굴된 토목유산 등을 전시하기 위한 목적으로 이 유적 앞에 위치한다. 박물관 설계는 안도타다오가 하였으며, 2001년 개관하였다.

사야마이케의 축조와 관련해서는 『일본서기』 스진천황[崇神天皇] 62년 7월조에 "가와치 사야마의 논에는 물이 적어 그 나라 백성들이 농사를 게을리 한다. 연못을 파서 민업을 널리 하라"라는 기록이 보인다. 따라서 사야마이케는 농사에 사용할 수 있는 물의 확보가 주목적이고, 이는 농업생산량 증대와 관련이 있음을 알 수 있다. 사야마이케의 전체 둘레는 약 3km, 전체 면적은 약 30ha에 해당한다. 사야마이케에서 오사카 시내에 있는 시텐노지까지 거리는 약 14km 정도에 해당하는데, 물이 시텐노지까지 흘렀다고 하니 이 저수지는 오사카를 살리는 젖줄이었음을 명백하게 보여준다.

사야마이케박물관 모습

사야마이케박물관을 찾은 답사단

한류 열풍의 진앙지 일본 가와치 河內

아스카시대부터 현재까지, 사야마이케를 한 눈에 살펴보다

사야마이케박물관은 총 8개의 구역으로 전시되어 있는데, 시대 순으로 사야마이케의 변화과정을 살펴볼 수 있도록 구성되었다. 박물관에 입장하면 가장 먼저 관람객들을 맞이해주는 제1구역은 '사야마이케로의 초대'이다. 이 곳에서는 1,400년간의 역사가 쌓인 높이 약 15m, 폭 약 60m의 제방의 단면을 전시하고 있다. 협산지의 규모에 한번 압도당하고, 전시기술에 또 한번 놀라움을 금치 못했다. 현재 이런 생생한 전시 기법은 한성백제박물관에서도 엿볼 수 있다.

제2구역은 '사야마이케의 탄생'이다. 이 구역은 발견된 동륜(東樋)의 연대측정 결과를 통해 사야마이케가 7세기 전반에 만들어진 일본에서 가장 오래된 저수지였음이 밝혀졌다. 길이 약 60m에 걸쳐 아스카시대의 동륜과 에도시대의 동륜을 전시하고 있다.

제3구역은 '고대의 토지개발과 사야마이케'라는 주제로 나라시대 사야마이케의 개수(改修)에 대한 정보를 제공한다. 나라시대의 개수에는 승려 행기(行基)가 큰 역할을 하였으며, 행기가 백제계 승려라는 점을 고려하면 여전히 사야마이케에 백제인의 피와 땀이 녹아있음을 짐작케 한다. 이 때는 중앙집권적 율령국가로 발돋움한 시기였기 때문에 대대적인 대규모 공사가 이루어졌다. 강이나 용수지를 개수하여 농업생산의 안정을 꾀하는 국가정책과도 깊이 관련을 가진 것이다.

이후 4구역부터 8구역은 중세부터 현재까지의 사야마이케에 대해서 구체적으로 전시하고 있다. 이렇듯 사야마이케는 고대 뿐만 아니라 현재까지도 묵묵히 자신의 역할을 다하며 자리하고 있음을 이 곳 사야마이케박물관을 통해 보여주고 있다.

사야마이케의 단면(제1구역의 모습)

백제에서 넘어온 사야마이케의 핵심 축조 기술, 부엽공법

사야마이케의 축조 가운데에서 위력을 발휘한 부엽공법은 고대 동아시아에 널리 퍼진 성토공법(盛土工法)의 하나이다. 부엽공법이란 가장 아래층에는 점성이 강한 점토를 깔고 나뭇가지와 같은 식물을 10여 차례 이상 반복하여 까는 기술을 말한다. 이를 통하여 지반이 약한 곳에 탄력을 줌으로써 붕괴를 방지할 수 있는 신기술이다. 한국에서는 풍납토성, 부여 나성, 벽골제 등 주요 유적들에게서 그 모습을 살필 수 있다. 사야마이케의 부엽공법은 떡갈나무(カシ)의 소재를 사용하여 시대나 지역에 따라 나무껍질이나 갈대 등을 이용하였음이 드러난다.

일본의 부엽공법의 사례는 7·8세기 무렵에 증가한다. 일본에서 부엽공법은 주로 백제에서 토성이나 제방 축조에 사용이 되었으며, 백제계 도왜인들에 의해 일본에 전해져 발전되었다. 사야마이케는 대체로 7세기 전반 축조된 것으로 추정되는데, 사야마이케가 축조되기 이전에 이미 미나미가와치[南河内] 지역에는 백제계 도왜인들이 살고 있었을 것이다. 이들은 상습 범람지역에 제방을 만들었다. 그 결과 땅을 비옥하게 하여 많은 사람들이 거주할 수 있는 기반을 마련하였고, 도왜인들의 물적·인적자원의 활용으로 가와치 지역은 번창하게 되었다. 가와치 지역의 이러한 자원은 야마토 조정의 경제적·군사적 기반이 되었음은 두 말할 필요가 없다. 이처럼 부엽공법은 기술 교류의 통로를 넘어 야마토 조정의 경제적 기반이 된 혁신적 기술이라는 점에서 역사적 의의가 있다.

Tip. 사야마이케박물관
· 입장시간 : 10:00~17:00(16:30까지 입장완료, 월요일, 연말연시는 휴관)
· 입 장 료 : 무료
· 홈페이지 : http://www.sayamaikehaku.osakasayama.osaka.jp/
· 전화번호 : 0723-67-8891

신 유 진 (백제세계유산센터 학예연구사)

오사카부 제2의 도시, 사카이시

사카이시는 일본 오사카부 중남부에 위치하고 있는 시이다. 오사카평야의 남쪽을 유유히 흐르는 야마토가와 하류에 위치하며, 중세 시대 이래로 일본의 가장 크고 중요한 항구 중 하나였다.

사카이(堺)라는 지명은 헤이안시대에 볼 수 있는, 셋쓰국[攝津国], 가와치국[河內國], 이즈미국[和泉國]의 '경계(境;きかい)'에서 비롯된 것으로 알려져 있다. 이러한 모습은 사카이시가 고대 여러 국들 사이에 위치하고 있었던 입지적인 요인에서 발생한 것으로 볼 수 있다.

고대 긴키 지역
(현재의 오사카부는 셋쓰 일부와 가와치,
이즈미에 해당한다.)

세계문화유산 잠정목록에 등재된 세계 최대의 고분, 닌토쿠천황릉

주 소 : 사카이시청 - 大阪府堺市堺区南瓦町 3-1

닌토쿠천황릉 - 大阪府堺市堺区大仙町 7

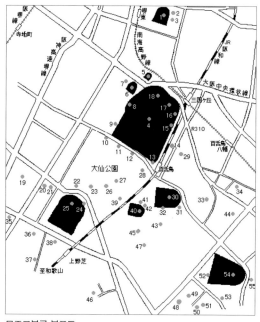

모즈고분군 분포도

모즈고분군[百舌鳥古墳群]은 사카이시 안의 동서·남북 약 4km 범위에 퍼져있는 고분군이다. 4세기 후반에서부터 5세기 후반에 걸쳐 약 100기 이상의 고분이 조영되었다. 현재는 44기만이 남아 있으며, 이 가운데 세계 최대 규모의 무덤인 닌토쿠천황릉이 포함되어 있다.

닌토쿠천황릉은 총길이 486m, 폭 305m로, 쿠푸왕의 피라미드, 진시황제릉과 함께 세계 3대 무덤으로 알려져 있다. 위에서 보면 원과 사각형을 합체시킨 전방후원분이라는 일본의 독자적인 형태이며, 5세기 중반 약 20년에 걸쳐 축조된 것으로 추정되고 있다. 이러한 규모와 독특함 때문에 닌토쿠천황 고분을 포함한 모즈고분군은 후지이데라시와 하비키노시에 걸쳐 조영된 후루이치 고분군과 함께 2010년 세계문화유산 잠정목록으로 지정되었다.

고분 안으로는 들어갈 수 없으며, 원형 2.8km의 관광로가 잘 정비되어 있다. 가까이 가면 산만 보이고 아무 감흥이 없다. 대신 사카이시청 21층 전망대에 오른다면 그 엄청난 규모에 놀라게 된다. 이곳에서는 닌토쿠천황릉 뿐만 아니라 사카이시 일대를 전체적으로 살펴 볼 수 있다.

전망대에서 바라본 닌토쿠천황릉은 말 그대로 그냥 건물들 속에 자리잡은 구릉이었다. 일본에서는 천황의 무덤에 대해 함부로 손을 대지 않기 때문에 이러한 모습으로 남아있는 것이다. 다만 실질적으로 닌토쿠천황의 무덤이 아닐 가능성도 존재하기 때문에 유적의 진정성을 확인하기 어렵다는 한계 또한 명확하다.

　　정말 닌토쿠천황릉이라면 닌토쿠천황이 사카이시에 묻힌 이유는 무엇일까? 무덤을 쓰기에는 오사카만과 너무 인접해 있다. 마치 통일신라시대 문무왕릉이 생각날 정도이다. 『일본서기』에는 닌토쿠천황 67년 10월에 "이시츠노하라[石津原]에 행차하여 능지를 정했다."라는 기록만 있고, 왜 이곳을 택했는지에 대해서는 언급이 없다. 일본 밖의 나라를 가보고 싶어서인지, 문무왕처럼 죽어서도 나라를 지키겠다는 마음에서인지 물음표가 머릿속에 맴돌았다.

사카이시청 전망대에서 바라본 오사카만

제2부

백제계 도왜인들이 건설한 신천지 가와치 지역

백제와 왜는
어떤 관계였을까

양 기 석(충북대학교 명예교수)

1. 백제와 왜국이 첫 교섭을 갖다

백제와 왜의 공식적인 첫 만남
탁순국의 중재로 통교를 맺다

백제와 왜 두나라 간 교섭의 문을 먼저 두드린 나라는 백제였다. 백제가 갑자년 7월에 구저(久氐)·미주류(彌州流)·막고(莫古) 세 사람을 탁순국에 보내 왜국과의 통교를 위해 왜로 가는 길을 알려달라고 요청하여 왜와의 통교를 탐색한 적이 있었다. 이때가 갑자년이라 하였는데, 서기 364년 즉 백제 근초고왕 19년이 된다. 백제가 왜와의 교섭을 중재하도록 요청한 나라는 탁순국이었다. 탁순국은 백제와 왜가 가야지역에 진출하는 과정에서 중재 역할을 한 가야제국의 한 나라였다. 『일본서기』에 의하면 369년 백제가 가라 7국을 평정할 때 백제군의 집결지였는데, 한반도 남부와 일본열도를 연결하는 해로상의 중요 거점이 되는 곳이었다. 그 위치는 창원으로 비정된다. 이곳은 문헌상으로 보이는 탁순국의 지정학적 조건과 합치될 뿐 아니라 조선시대의 왜관의 하나인 내이포가 위치했던 곳으로 해상 교통로상 남해안으로부터 일본열도를 이르는 중요 항구로 기능했다는 점에서 보다 타당성을 갖는다. 탁순국은 바로 인근 동쪽에 있는 김해 구야국과 함께 삼한시대에 해상교역이 활발했던 가야국이었다. 영산강유역과 일본열도 진출에 관심이 있었던 백제가 그 중개지로서 탁순국에 주목한 것은 당연한 일이었다.

그 후 탁순국에 온 왜국 사신은 이 사실을 전해 듣고 백제에 사절을 보내자 교섭을 원했던 백제로부터 큰 환대를 받았다. 이 일을 계기로 하여 백제는 왜국과의 교섭에 적극 나섰다. 이 듬해 백제는 앞서 탁순국에 파견한 적 있는 사신들을 왜국에 처음으로 파견함으로써 이제 백제와 왜국의 두 나라는 탁순왕의 중재로 공식적인 첫 교섭을 갖게 된 것이다(366). 이렇게 백제와 왜국은 역사상 공식적인 첫 만남을 가진 것이다.

이후 백제가 왜국에 사신을 잇달아 파견하면서 양국 간의 우호를 더욱 다졌다. 이러한 우호의 무드 속에서 372년 백제는 왜에 양국 간의 우호의 표시로 칠지도·칠자경 등 진귀한 보물들을 예물로 보냈다. 이로써 양국은 처음으로 공식적인 통교를 맺게 된 것이다. 이러한 백제의 왜국과의 교섭은 일회성의 통교가 아니라 백제가 뚜렷한 의지를 갖고 추진하였던 남방진출 정책의 일환이었음을 보여준다. 이 교섭은 후에 백제와 왜국 양국이 한반도 정세와 관련하여 우호적인 동맹관계를 지속시키는 하나의 계기가 되었다.

통교의 역사적 배경과 의미
고구려의 남진에 대비한 백제의 남방 진출
4세기 중반 근초고왕대에 이르러 고구려와 백제 두 나라의

칠지도

대결은 정치적, 경제적인 측면에서 점차 노골화되었다. 고구려의 남진에 불안을 느낀 백제는 신라를 비롯하여 주변의 여러 나라와의 관계를 개선하려는 우호정책을 적극 추진하였다. 먼저 백제는 이웃 신라와 우호관계를 맺었다. 그동안 백제와 신라는 중부 내륙의 소백산맥 영로를 넘나들면서 빈번한 전투를 벌여 서로 적대 관계를 유지하고 있었다. 고구려의 남진을 효과적으로 막기 위해서는 무엇보다도 이웃 신라의 도움과 역할이 더욱 필요해진 것이다. 이에 백제는 366년에 관계 개선을 위해 먼저 신라에 사신을 파견하였고, 이어 368년 다시 사신을 파견하여 좋은 말 2필을 예물로 보냈다. 이러한 노력에 의해 양국의 관계는 어느 정도 회복 국면에 접어들게 되었다.

다음으로 백제는 남방 경략에 착수하였다. 369년에는 가야지역의 7개 나라를 복속시켰고, 이어 영산강유역의 마한 잔여 세력들을 차례로 복속시켜 백제의 세력권에 묶어둘 수 있게 되었다. 백제가 가야세력을 복속시킨 것은 왜국과도 연결하여 유사시에 백제의 배후 지원세력으로 역할을 하도록 백제의 세력권 내지는 영향권에 묶어두기 위한 것이었다.

동방 해양교역망의 확보책

동방 해양교역망은 중국-한반도 서·남해안-일본열도를 연결하는 해상교역 루트로서 과거 중국 군현에서 관장해 왔다. 중국 군현이 고구려에 의해 축출되자 고구려와 백제가 이 루트의 장악을 둘러싸고 서로 대립하였다.

먼저 서해안의 교역거점 세력인 아산만과 태안반도의 신금성(홍성)세력을 장악한 다음 가야지역과 서남해안지역을 넘보게 되었다. 당시 서남해안지역에는 신미국(新彌國, 해남이나 강진)이 있어서 영산강유역과 그 일대에 있는 29개 소국을 통솔하는 연맹체의 중심 국가 역할을 하고 있었다. 신미국은 당시 대방군에서 서남해안을 거쳐 왜에 이르는 해상교역로상의 중요 거점지역에 위치한 세력으로서 교역을 통해 경제적인 부를 배경으로 성장한 세력이었다. 369년 근초고왕의 남정 때 신미국과 영산강유역 세력들이 백제에 의해 멸망당함으로써 백제는 서남해안의 중요한 해상 교역기지를 확보하게 된 것이다.

통교가 갖는 의미

백제와 왜 사이의 통교는 한반도 정세와 관련하여 두 나라가 동맹관계를 맺는 단초적인 사건이었다. 이는 얼마 후 고구려-신라의 동맹세력에 대해 백제-가야-왜로 연결되는 동맹세력을 형성하는데 계기가 되었다. 백제는 왜 국에 대해 선진문물을 제공하고 대신 왜국은 백제에 대해 정치적·군사적 파트너로서 역할을 수행하는 관계가 성립된 것이다. 이러한 이해가 합치되어 백제 멸망 때까지 백제와 왜 양국이 선린의 관계를 유지해 나갈 수 있었다.

2. 백제가 가야 · 왜와 함께 고구려의 남진에 맞서 싸우다

〈광개토왕릉비〉에 보이는 왜

백제가 4세기 후반 왜국과 처음으로 통교를 맺은 이래 일본열도의 왜국이 한반도 정세에 실체를 드러낸 것은 4세기 말에서 5세기 초에 걸친 고구려 광개토왕대의 남정 때이다. 당시 한반도 정세는 고구려·신라에 대항하여 백제·가야·왜세력이 대립하는 동아시아의 국제전 양상이 전개된 시기였다. 전황은 대체로 고구려와 백제를 중심으로 이루어졌지만 부수적으로 신라·가야·왜세력이 참전하는 형태를 띠었다. 〈광개토왕릉비〉에는 이러한 사실이 잘 담겨져 있다. 이 비문에서 왜가 나오는 부분은 논란이 되고 있는 영락 6년 기사와 영락 9~10년, 영락 14년 기사이다.

광개토왕릉비

영락 6년(396) 작전은 고구려가 백제를 공격하여 아신왕으로부터 항복을 받고 일시적으로 고구려 세력권에 편입시키는 내용이다. 광개토왕은 북쪽 국경지역에서 백제군과 산발적인 전투를 벌이는 동안 수군을 이끌고 한성을 기습하여 아신왕의 항복을 받아냈다. 이에 아신왕은 광개토왕에게 항복하고 충성을 서약하였다. 이로써 백제는 고구려에게 모두 임진강 이북지역인 58성과 700여 촌을 빼앗겼다. 이 작전은 고구려가 백제를 주된 정토 대상으로 삼은 작전이었다. 왜가 직접 참전은 하지 않았지만, 그 서두 부분의 신묘년(391) 기사에 왜가 참전한 것으로 되어 있어 능비문 중에 가장 논란이 되고 있다. 이는 신묘년에 왜가 참전했다는 사실보다는 광개토왕대 전반에 걸쳐 왜와 군사적 관계를 가졌던 고구려의 경험을 포괄적으로 서두에 미리 제시하는 비문 서술상의 표현이라 할 수 있다.

왜가 실질적으로 한반도 정세에 참전한 것은 영락 9~10년과 14년의 일이다. 영락 9년(399)은 백제가 영락 6년에 맺은 약속을 어기고 왜병을 끌어들여 신라의 국경지대에 침범한 사실과, 신라 내물마립간의 구원 요청에 따라 고구려가 영락 10년(400)에 보병과 기병 5만 명을 거느리고 왜병을 가야지역에까지 추격하여 패퇴시키는 내용을 담고 있다. 이때 왜병은 가야와 연합하여 신라를 공격하였으나 중장기병을 앞세운 고구려의 우세한 군세에 의해 참패를 당하였다. 영락 14년(404)은 왜가 황해도 일대인 대방 경계지역에 침입한 것을 광개토왕이 친정하여 평양까지 내려가 왜를 궤멸시키는 내용이다. 이 전투도 고구려에 의해서 백제-왜 연합군이 크게 패퇴된 것으로 결말이 났다. 결국 왜군은 백제와 가야군의 지원세력으로 두 전투에 참전하였으나 고구려에 의해 일방적으로 패퇴되었을 뿐 출병을 계기로 한반도에 영향력을 행사하려는 시도는 좌절되었다.

태자 전지를 파견하여 왜에 원병을 요청하다

4세기 말에서 5세기 초에 걸쳐 한반도에서 벌어진 전쟁은 국제전 양상을 띠고 전개되었다. 고구려-신라에 대항하여 백제-가야-왜의 두 진영 사이에 큰 전쟁이 벌어진 것이다.

이때 왜병이 가야와 함께 백제 중심의 연합세력에 참전하게 된 배경은 무엇일까? 영락 6년의 전투는 백제에게는 치욕적이었다. 아신왕이 광개토왕에 무릎을 꿇고 충성을 서약하였을 뿐 아니라 임진강 이북의 영토를 고구려에게 빼앗기는 결과가 되었다. 이에 궁박해진 백제는 이듬해인 397년에 왜와 비밀리에 통교하고 왜에 원병을 요청하기 위한 군사외교에 적극 나선 것이다. 이를 위해 백제는 볼모 외교를 들고 나왔다. 당시 삼국 간에는 당사국 간의 정치적 신뢰를 얻기 위한 외교방책으로서 볼모가 파견되는 관행이 종종 있었다. 고구려나 왜도 백제와 신라와의 관계에서 동맹을 전제로 하여 국가 간 신뢰의 담보물인 볼모 파견을 각각 요구한 일이 있었다. 이러한 목적으로 397년 백제는 태자 전지를 왜에 파견하였다.

백제는 고구려의 공격으로 일대 국가적 위기에 처해 있을 때 태자 전지와 같은 비중있는 인물을 볼모로 파견하여 왜에 원병을 요청한 것이다. 볼모는 국왕을 대신하는 외교 특사의 성격을 가진 것으로 상대국에게 절대 신뢰성을 보장해 주기 위한 정치적 담보물이었다. 태자 전지는 394년에 태자로 책봉되었다가 397년 왜에 파견되었다. 그가 귀환한 것은 아신왕이 죽은 405년이기 때문에 9년 동안 왜에 머물렀다. 그의 파견 목적은 일차적으로 왜국과 수교하기 위해 간 것이지만 그 이면에는 왜의 원병을 얻고 또한 일본열도 내의 친백제라인을 구축하여 고구려와의 전쟁으로 급박해진 백제의 위급한 상황을 타개하기 위해서였다.

백제의 군사 동원을 요청한 외교적 노력으로 왜병은 한반도에 출병하게 되었다. 왜병은 404년 전투를 제외하고는 처음부터 고구려에 대한 전술과 전략, 그리고 지형지물에 대한 정보 부족으로 인하여 고구려와는 직접 대적하지 않았다. 백제를 돕기 위해서 가야와 함께 고구려의 동맹세력이었던 신라를 먼저 공격한 것이다. 399년과 400년 전투에서 왜병은 백제 동맹군의 일원으로 신라와 싸웠던 것이다.

〈광개토왕릉비〉의 왜는 어떤 존재였는가?
왜가 과연 고구려의 주적이었는가?

〈광개토왕릉비〉에는 고구려의 주적을 백제가 아니라 왜인 것처럼 적어놓았다. 예컨대 404년 대방계 전투는 『삼국사기』 백제본기 기사와는 다르게 왜가 고구려의 주적인 것처럼 서술해 놓아 실제와는 차이가 난다. 먼 곳에서 출병한 왜병이 중간에 백제의 도움 없이 황해도에까지 와서 단독으로 전투를 벌일 수는 없다. 이 전투는 왜의 단독 작전이 아니라 백제와 함께 수행된 작전으로 보는 것이 합리적이다. 능비문에서는 고구려의 독자적인 천하관 인식에 따라 마치 왜가 고구려의 주요 타도의 대상인 것처럼 분식 서술해 놓았다.

5세기 초반 고구려인들은 자신의 천하를 여러 종족이 거주하는 세계로 상정한 다음 이들 종족의 성격을 다양하게 설정하였다. 백제·동부여·신라는 능비문을 포함한 여러 금석문에 나오는 '노객(奴客)'으로 설정되어 있다. '노객'은 고구려가 백제와 신라를 거느리는 종주국으로 자처한 표현이다. 그러면서도 이들 나라가 고구려 왕의 덕화가 미치는 동류의식을 가진 나라로 인식된 반면 예·한·숙신·왜 등은 후진적인 오랑캐로 인식할 정도로 차별적인 인식을 가졌다. 그러는 가운데 자신들은 건국 시조 주몽의 신성한 혈통을 계승한 천하의 중심국가로 자처하면서 동류의식이나 후진적 오랑캐로 나누어 여러 나라와 종족을 아우르는 중심 세력임을 주장하였다.

일본열도의 왜는 고구려의 천하관에 의해 후진적인 오랑캐로 차별 인식되었다. 그런 왜가 어떠한 형태로든지 간에 고구려 천하에 침입해 들어왔을 때에는 강한 적대감을 갖고 응징하는 토벌의 대상이었다. 능비문에 왜가 자주 등장하는 것은 동류의식을 느끼는 백제나 신라 원정에 비해 광개토왕의 위대한 훈적을 미화하고 부각시키는데 더할 나위 없는 좋은 재료가 되기 때문일 것이다.

왜는 4세기 말에서 5세기 초에 걸쳐 고구려의 남정에 대응하여 힘의 열세에 놓여 있던 백제의 요청으로 399~400년과 404년 전투에 참전하였다. 그 역할은 백제를 도와 고구려와 그 동맹세력인 신라를 배후에서 공격하는 수준이었다. 주로 보병군단으로 구성된 왜병들은 능비문에 보듯이 중기병 기마군단으로 구성된 고구려군에 의해 일방적으로 궤멸되었다. 어쨌든 이 전쟁을 통해 백제와 왜는 정치·군사동맹 관계를 더욱 강화시켜 나가게 되었다.

한반도에 출병한 왜병의 정체

한반도에 출병한 왜병의 실체는 무엇일까? 이에 대해서는 기나이 지역의 야마토정권설, 북큐슈 지역의 왜인설 또는 해적설, 큐슈 지역을 중심으로 한 서일본 수장연합설, 용병설 등이 제기되어 많은 논란이 있다. 한반도에 출병한 왜세력은 어느 한쪽의 단선적인 이해로만 해명될 수는 없다. 당시 일본열

도는 6세기 이전까지 아직 통일 정권이 수립되지 못하고 각 지역 단위의 수장층이 병립하는 연합정권시대였다. 김해 대성동유적과 일본 가와치 지역의 고분군에서 출토된 외래 유물들, 현해탄의 중간에 위치한 오키노시마[沖の島] 제사유적, 그리고 전방후원분의 확산 등 고고학 자료를 통해 볼 때 당시 기나이 지역의 야마토나 가와치 세력이 중심이 되어 기비나 큐슈 지역의 중·북부지역 서부일본 수장층간의 동맹·연합체제를 이룬 시대로 보는 견해가 주목이 된다.

그러면 왜가 한반도에 출병하게 된 내부적 요인이 무엇이었는가? 4세기 말 이후 고구려의 적극적인 남침공세는 백제와 가야뿐 아니라 일본열도에 있는 여러 수장층들에게도 큰 위협으로 받아들여졌다. 종래까지 가야로부터 수입된 철자원은 일본열도 정치체의 지배체제 확립과 농업생산력 향상에 절대 필요한 소재였다. 400년 고구려의 남정으로 인하여 가야세력이 큰 타격을 입게 되었다. 이에 따라 가야로부터 안정적으로 철의 공급이 이루어지지 못하게 되었고, 또한 선진문물의 창구였던 백제-가야-왜로 연결되는 교역로가 위협을 당하게 됨으로써 일본열도는 지배체제 정비에 큰 타격을 입게 되었다. 따라서 백제의 구원요청을 받은 기나이 지역의 왜 왕권은 각 지역의 수장층들을 규합하여 한반도에 출병하게 된 것이다.

3. 백제와 왜, 협조와 경쟁 관계로 변하다

백제는 반고구려 동맹체제를 꿈꾸다
전쟁의 후유증에 시달리다

4세기 말부터 5세기 초에는 고구려-신라와 백제-가야-왜의 두 연합세력 간의 전개된 군사적 관계가 한동안 소강상태를 보이면서 삼국 간의 역관계

변화와 중국 남북조를 대상으로 한 외교전이 활발해지는 양상이 나타난다. 그렇지만 고구려의 남정은 백제와 가야 및 일본열도의 왜 왕권뿐 아니라 고구려의 동맹세력인 신라에게도 적지 않은 영향을 주었다.

고구려는 서북변에 있는 후연과 일련의 군사적 긴장 관계가 지속됨에 따라 신라 구원을 위해 군사 5만 명을 보내 가야와 왜 연합군에게 큰 타격을 준 후 곧바로 철군하였다. 당분간 남진정책을 추구하기는 어려운 상태가 되었다. 백제는 고구려와의 전쟁에서 잇따라 패배함으로써 이후 대내적으로 큰 어려움에 직면하였다. 거듭되는 전쟁으로 말미암아 많은 사상자가 나오고 농민들의 생활고는 더욱 가중되었다. 399년에는 군역을 기피하는 농민들이 신라로 집단적으로 도망하는 일이 생겨 국가의 지배기반을 약화시켰다. 또한 백제는 왕위계승을 둘러싼 지배세력간의 대립과 갈등이 재연되면서 정국은 혼미에 빠져들게 되었다. 그 대표적인 사례가 전지왕 즉위 초에 벌어진 왕위계승 분쟁이었다.

한편 왜도 백제·가야와 함께 동맹세력으로서 고구려·신라와 싸웠기 때문에 패전에 따른 많은 인적·물적 피해를 입었다. 404년 대방계 전투 참패 이후 한동안 한반도 문제에 개입을 자제한 채 백제와 간헐적인 교섭을 유지해 나갔다. 5세기의 일본은 소위 '5왕시대'에 해당되는데, 패전과 관련하여 왕가교체설이 제기되고 있다.

백제가 왜에 왕족을 보내 우호관계를 다지다

5세기 전반 백제와 왜 양국은 중국 남조에 대한 외교와는 달리 한동안 우호관계가 지속되었다. 중국 남조 외교에 적극적으로 매달리는 왜에 비해 백제는 고구려의 남진에 대항하기 위해 계속적으로 왜를 동맹세력의 일원으로 묶어두려 하였다.

왜에 머무르고 있던 전지왕이 즉위 초의 왕위계승분쟁을 극복하고 즉위한 이래 한동안 친왜정책은 유지되고 있었다. 409년에 왜가 사신을 파견하여 야명주라는 진귀한 보물을 바친 이후 418년에는 백제가 그의 대한 답례로 왜에 사신을 파견하여 양국 간에 우의를 표시하였다. 이렇듯 백제는 왜와의 교섭을 아직 정례화하지는 못하였지만 유사시에 대비하여 예물을 교환하는 등 우호적인 관계로 발전시켜 나가는 양상을 보이고 있다.

얼마 후 백제는 왕족을 왜에 보내 왜와의 관계를 굳건히 하고자 하였다. 백제의 왕족 파견은 왜에 대한 최고의 신뢰를 의미하기 때문이었다. 백제는 태자 전지의 파견 이후 왕녀를 대신 파견하는 방식으로 전환하였다. 428년 비유왕의 누이동생 신제도원이 7명의 부녀들을 거느리고 왜에 파견되었다. 397년 고구려에 굴복한 백제가 절박한 상황에서 태자 전지를 왜에 볼모로 파견한 이후 왕녀를 왜에 보내 보낸 것이다. 이는 양국 사이에 혼인관계를 맺음으로서 신뢰구축을 통해 고구려의 남진 동향에 대비하려는 외교책이었다. 이에 왜는 그 답례로 50명을 거느린 대규모의 사절단을 백제에 파견함으로서 전지왕대에 이어 양국 간의 우호관계가 돈독해지는 계기로 삼았다.

개로왕대(455~475)에는 왜가 왕녀를 요청함에 따라 백제는 모니부인의 딸 적계여랑(適稽女郎)을 왜에 보냈다. 그러던 중 왜에 건너간 부인들 중의 하나인 지진원(池津媛)이 어떤 음행 사건에 연루되어 화형을 당하는 일이 생기자 개로왕은 이번에는 왕녀 대신에 왕의 동생 곤지(昆支)를 왜에 보낸 것이다. 이는 397년 국가적 위기에 봉착해 있던 백제가 세력 만회를 위해 태자 전지를 왜에 파견했던 볼모외교 방식의 일환이었다. 이러한 백제의 인적 교류를 통한 외교는 6세기에 들어가면서 왜에 선진문물을 제공하고 대신에 왜는 백제에 군사력을 제공하는 방식으로 제도화되어 나가는 한 과정이라 할 수 있다. 백제는 주로 왕족들을 왜에 보내 체류케 하는 방식으로 왜와 신뢰관계를 구축하였는데 이것이 5세기 전반 백제 대왜외교의 기본 틀이라고 할 수 있다.

백제와 신라가 군사동맹을 맺다

백제는 고구려에 대항하기 위해서 가능한 한 모든 나라들과 우호적인 관계를 유지하고자 하였다. 백제는 고구려와 함께 싸웠던 가야와 왜의 지원만으로 부족하다고 느끼고 신라와 적극적으로 교섭에 나섰다. 그럴 경우 신라와 왜의 관계가 큰 걸림돌이 된 것이다. 그동안 왜가 신라를 자주 공격하였고, 또 눌지왕 때에는 박제상의 활약으로 왜에 볼모로 있던 신라 왕자 미사흔을 강제로 귀환시킨 일들이 있어서 양국 사이는 여전히 적대의 골이 깊었다. 427년 고구려 장수왕이 평양 천도를 단행하여 노골적인 남진 의지를 천명하자 이에 직접적인 위협을 느낀 백제는 433년 신라에 화호를 요청하였다. 그러나 백제와 왜의 연합세력에 의해 맞서본 신라는 백제의 화호 요청에 쉽게 응할 수가 없었다. 백제는 서로 적대적인 신라와 왜를 설득하여 함께 동맹세력으로 참여시키는 데에는 많은 어려움이 있었다. 신라와 왜는 서로 적대적인 감정에 불타 있었다. 백제는 신라와 왜 양국을 모두 포섭하는 일을 포기하고 어느 한쪽을 선택해야 하는 상황에 처하게 된 것이다.

그런데 5세기 중반에 들어서면서 백제와 왜 사이에 변화의 조짐이 나타난 것이다. 그 계기가 된 사건이 개로왕의 동생 곤지를 왜에 파견한 일이다. 그동안 백제에서 왕녀가 파견되어 백제와 왜 양국 사이에서 우호의 가교 역할을 수행해 왔었는데 지진원의 음행사건이 일어나면서 양국 간의 우호에 찬물을 끼얹는 불상사가 생긴 것이다. 백제는 지진원이 화형에 처하자 대신 동생 곤지를 왜에 파견하는 것으로 마무리했지만 왜의 처사에 대해서는 적지 않은 불만을 갖게 되었다. 이 시기 신라도 대고구려와의 관계에서 심상치 않은 일이 벌어졌다. 450년 신라는 실직원(삼척)에서 고구려 장수를 살해하는 사건을 계기로 하여 고구려와 전투를 벌일 정도로 적대 관계에 돌입하고 있었다. 신라는 내정간섭을 하고 있었던 고구려로부터 벗어나 궁극적으로는 자립화 운동이 필요한 시점에 있었다.

이러한 신라와 왜의 동향에 대해 백제는 왜보다도 신라를 선택하였다. 백제는 바다에 격절해 있는 왜보다도 국경을 맞닿고 있는 신라에 대한 전략적 중요성을 높게 인식하고 있었다. 광개토왕의 남정 때 왜와 함께 참패의 경험을 맛본 백제로서는 왜에 대해 유사시 군사적으로 큰 도움이 되지 않았던 점을 인식한 것이다. 백제는 왜보다도 신라를 보다 중시하는 정책으로 돌아선 것이다. 455년 고구려가 백제를 침공하였을 때 신라에 구원요청을 하여 신라와 함께 고구려군을 물리친 일이 있었다. 이는 고구려의 공격에 대해 백제와 신라 양국이 공동 대응하는 실질적인 군사동맹관계의 성립을 보여주는 사건이었다. 고구려의 남진에 대해 백제와 신라가 연합하여 공동 대응하는 시스템을 구축하였다. 이 일은 신라가 고구려와의 동맹관계를 벗어난 것을 분명히 보여준 것이다. 이는 삼국 항쟁사에 있어서 새로운 변화였다. 백제와 신라 양국이 단순한 화호 수준을 넘어서 한쪽의 힘만으로 고구려의 공격을 막아내지 못할 경우 구원 요청에 의해 양국이 군사적으로 공동 대응하는 관계로 한 단계 발전시켜 나간 것이다. 481년에 고구려가 신라 왕도 근처에까지 깊숙이 쳐들어오자 신라는 백제와 가야의 원병에 힘입어 고구려를 물리친 일이 있었다. 이러한 양국 사이의 협조 관계를 바탕으로 493년에는 백제 동성왕이 신라 이벌찬 비지의 딸과 혼인관계를 맺음으로써 이제 양국은 군사동맹관계를 더욱 공고히 하게 되었다.

소원한 관계가 된 백제와 왜

왜가 중국 남조 외교 무대에 등장하게 된 배경

백제와 왜는 고구려의 실질적 위협에 대항하기 위한 방편으로 중국과의 외교교섭을 적극 추진하고 나섰다. 백제와 왜 양국이 고구려를 견제하려는 의도에서였다. 백제는 372년 동진과 교섭을 가진 이래 주로 중국 남조와 가끔 교섭을 가졌지만, 중국과의 교섭이 없었던 왜는 백제를 통해 선진문물을 받아들여 왔다. 전쟁 후 백제는 그동안의 협력 대가로 왜에게 중국을 통해 체제정비에 필요한 선진문물을 직접 공급받을 수 있도록 도움을 주었다. 왜가 오랜만에 중국 남조 외교 무대에 등장하게 된 것은 전적으로 백제의 도움이었다.

5세기의 왜는 소위 '왜의 5왕시대'에 해당한다. 왜의 5왕은 421년부터 478년까지 중국 남조를 상대로 책봉외교를 58년간 전개하였다. 421년 왜왕 찬(讚)때 남조 송과 직접 첫 교섭을 시작하였다. 왜가 서진에 사신을 보낸 266년 이후 중국과의 관계가 오랜만에 재개된 것이다. 왜는 이때부터 시작하여 478년 왜왕 무(武)가 송에 교섭한 것을 끝으로 백제와 함께 중국의 책봉외교에 적극 참여하였다. 왜는 백제가 아니라 중국 왕조와의 교섭을 통해 선진문물을 직접 수용하게 된 것이다.

백제가 신라와 군사동맹을 맺는 관계로 발전하게 되자 백제와 우호관계를 유지하고 있던 왜와의 관계가 차츰 소원해지게 되었다. 그렇지만 백제와 왜는 현실적인 강적 고구려를 눈앞에 두고 노골적으로 대립을 하지는 않았다. 백제는 왜와 일정한 거리를 두는 대신 신라를 끌어들여 동맹관계를 맺어 실질적으로 대고구려 전선 구축에 앞장을 서는 위치에 있었다. 반면 한반도에서 소원해진 왜가 중국 남조 외교에서 백제에 대한 공세를 전개한 것이다. 중국 남조와의 외교관계를 통하여 백제보다 우위에서 연합세력의 주도권을 장악하려 하였다. 그 대립 양상은 중국 남조에서 작호를 획득하기 위한 경쟁 형태로 나타났다.

왜가 중국 남조의 작호에 심혈을 기울인 까닭은?

5세기에 백제와 왜 양국은 겉으로는 우호적인 관계가 유지된 듯이 보이지만 주도권 장악을 위한 물밑 외교 전쟁이 활발하게·전개되고 있었다. 그것은 바로 중국 왕조로부터의 작호를 얻기 위한 물밑 외교전 형태로 전개되었다. 백제와 왜 양국의 보이지 않는 대립과 갈등이 한반도를 넘어 중국에까지 확대되어 큰 범위에서 국제 외교전이 벌어진 것이다. 백제와 왜 사이의 작호 획득을 위한 경쟁은 양국 사이를 더욱 소원하게 하는 요인이 되었다.

양국 중에서 작호 획득을 위해 적극적으로 중국 남조에 뛰어든 나라는 왜였다. 중국과의 외교관계를 통해 왜 자신이 백제보다 힘의 우위에 있음을 내세우려는 의도에서였다. 백제가 고구려의 남진 공세와 백제 내부의 혼란에 빠지자 왜는 백제를 대신하여 고구려에 대처할 수 있는 유일한 세력으로 자처하기 위해 중국 남조에 대해 집요하게 한반도 남부지역에 대한 군사지배권을 요구해 왔던 것이다.

왜가 백제의 도움을 받아 송과의 교섭을 전개해 나가는 중에 점차 독자적인 외교행보를 보인 시기는 왜의 5왕 중 두 번째인 진(珍)때의 일이었다. 438년에 왜왕 진이 사지절도독왜백제신라임나진한모한육국제군사안동대장군왜국왕(使持節都督倭百濟新羅任那秦韓慕韓六國諸軍事安東大將軍倭國王)이라는 긴 이름의 작호를 자칭하였고 아울러 왜수(倭隋) 등 13인의 중신들에게는 송의 장군호를 임시로 수여한 다음 송 황제의 승인을 요구한 일이 생겼다. 이때 왜왕 진은 송에게 왜·백제·신라·임나·진한·모한의 6국에 대한 군사지배권과 2품의 안동대장군을 요청한 것이다. 여기서 진이 요청한 6국은 일본열도와 백제를 포함한 한반도 남부지역 전체를 포함하는 지역이다. 이 요구에서 황당한 것은 왜가 백제에 대한 군사지배권을 주장하고 있다는 점이다. 그리고 이 작호에는 백제와 신라를 포함하고 있을 뿐 아니라 이미 멸망해서 없어진 진한과 마한이 함께 들어 있는 점에서 작호의 실질성에 의문이 든다. 이에 대해 송은 왜왕의 무리한 요구를 받아들이지 않고 3품관인 안동장군과 왜왕의 신료 13명에 대한 관작 청구만 승인해 주었다.

그 뒤로도 왜의 요구는 계속 이어졌다. 백제와 왜 양국이 송을 상대로 서로 기싸움을 하는 외교전이 연출된 것이다. 451년에 왜왕 제(濟)는 438년과는 달리 백제를 빼고 대신 가라로 교체하여 육국제군사를 요청한 결과 송은 이번에는 육국제군사호와 왜왕을 2품관인 안동대장군으로 관작을 높여 승인을 해주었다. 왜의 5왕 중 마지막 왕인 무(武)가 즉위를 하자 다시 백제를 포함한 7국제군사를, 478년에는 고구려에게 수여됐던 1품관 개부의동삼사 (開府儀同三司)를 함께 요청하였다. 이는 475년 백제가 한성 함락으로 인해 약화된 틈을 타서 왜왕 무가 고구려에 대한 대항의식을 강렬하게 표출한 결과였다. 이에 송은 왜의 요구를 다 받아들이지 않는 대신 신라를 포함한 육국제군사와 안동대장군의 작호를 승인을 하자 이에 불만을 느낀 무는 결국 송과의 교섭을 단절하고 말았다. 이후 왜는 한동안 중국의 작호를 획득하기 위한 경쟁 무대에서 사라졌다. 송이 왜왕에게 백제에 대한 군사지배권을 인정하지 않은 이유는 백제가 송으로부터 이미 2품관인 진동대장군의 작호를 수여받고 있었으며, 또한 송은 북위를 봉쇄하려는 전략적 측면에서 현실적으로 왜보다는 백제를 보다 중시하는 입장을 고려하였던 것이다. 그리고 송은 왜보다 백제의 위상을 높이 인식하고 있었던 것이다.

백제는 왜 왕권이 백제를 포함한 한반도 남부지역에 대한 군사지배권을 요구하는 일련의 움직임에 대해 견제해야 할 필요성을 느꼈다. 백제 개로왕이 동생 곤지를 왜에 파견한 것은 당시 왜 정권이 송을 상대로 하여 벌린 외교적 동향과도 무관치 않은 것이었다. 왜왕들의 계속적인 군사지배권 주장은 백제가 고구려의 남진에 대응하기 위해 결성한 군사동맹체제에 대해 주도권을 장악하기 위한 외교적 공세와 관련이 있다. 그러나 왜는 404년 대방계 패전 이후 한동안 한반도에 출병을 하지 못했다. 475년 백제가 고구려의 불시 침공을 받아 왕도 한성이 함락당하고 개로왕이 전사할 정도로 국가적 위기에 봉착해 있을 때에도 왜는 백제에 원병을 보내지 않았다. 백제와 왜 사이가 심상치 않았음을 보여주는 대목이다.

4. 우호관계를 회복한 백제와 왜

백제, 왜와의 관계를 개선하다

달라진 한반도 정세

475년 웅진 천도 직후에 벌어진 일련의 정정 불안이 어느 정도 종식되고, 곤지왕 계열인 무령왕과 성왕대에 잇달은 정치 개혁을 추진하여 백제 왕권이 안정을 되찾게 되었다. 이를 바탕으로 고구려에게 빼앗긴 한강유역의 옛 땅을 되찾기 위한 노력이 나타났다. 이에 무령왕은 즉위 초 고구려를 먼저 공격을 하고 나섬으로써 고구려에게 집중 공격을 받는 형세가 되었다. 이후 고구려와 일진일퇴의 공방전을 벌이다가 551년 성왕이 주도한 백제-신라-가야 연합세력이 북진을 단행하여 백제의 오랜 숙원인 옛 서울 한성과 한강유역을 고구려에게서 되찾는 성과를 내었다. 바야흐로 '백제의 중흥 시대'가 도래한 것이다. 또한 가야세력권에 속하고 있던 섬진강유역과 남해안 일대에 진출하여 대가야와 충돌하면서 이 지역에 대한 지배와 영역화 작업에 착수하였다. 백제의 남방 진출로 인해 당사자인 대가야는 물론 이 지역에 대해 야심을 갖고 있던 신라와 왜가 개입하면서 일촉즉발의 위기가 조성되고 있었다.

이 시기 신라도 변화가 찾아들었다. 신라는 대외관계를 자제한 채 고구려와 백제를 적절히 이용하면서 국가체제 정비와 영토 확장 등 국가 발전을 도모해 나갔다. 6세기에 들어와서 고구려의 공세가 신라에서 백제로 옮아감에 따라 5세기 후반처럼 신라가 백제를 구원하여 고구려에 공동 대응하는 양상은 거의 찾아볼 수 없게 되었다. 게다가 가야지역의 패권을 둘러싸고 신라와 백제가 대립의 강도를 높이고 있었다. 그러던 중 성왕 때 백제의 요청으로 신라와 화호를 맺음으로써 우호관계를 다시 유지하게 되었다. 548년의 독산성 전투와 551년 북진 때에는 신라가 고구려에 대해 백제와 힘을 합쳐 공동으로 대처하는 양상이 나타났다. 마치 5세기 후반 백제와 신라 간에 이루어졌던 군사동맹관계가 다시 재현된 셈이다. 그렇지만 5세기 후반과 달리 신라는 고구려와 백제 양국의 역관계를 교묘히 이용하면서 실리를 취하는 새로운 양상이 나타났다. 550년 백제와 고구려가 도살성과 금현성을 각기 공취하였을 때 양군이 지친 틈을 타서 이 두 성을 신라가 공취한 일이 있었다. 신라는 동맹국으로서의 역할보다도 자국의 이익을 우선시하는 방향에서 대외정책을 추진해 나간 것이다. 이 점이 5세기의 백제와 신라 간의 동맹체제와는 차이를 보여주는 대목이다. 한반도 정세와 관련하여 새로운 대외관계의 시스템이 필요해진 것이다.

백제가 신라와 가야를 품에 안다

6세기에 들어와서 백제는 정치적 안정을 바탕으로 오랜 숙원인 한성 옛 땅을 회복하고자 하였다. 백제가 단독으로 막강한 고구려군을 한강유역에서 북으로 몰아내는 일은 한마디로 역부족이었다. 백제는 5세기 중후반에 그랬듯이 여러 나라와 힘을 합쳐 고구려에 함께 맞서는 것이 가장 효과적이었음을 알고 있었다. 한반도의 정세가 예전과는 달라졌지만 다시 한번 백제 중심의 연합세력을 형성하는 것이 백제가 고구려에 이기는 최선의 방책이었고, 또한 백제가 사는 길이었다. 백제가 또다시 노련한 외교술을 발휘해서 신라·가야·왜를 어떻게 해서든지 동맹세력으로 참여시키는 것이 필요하였다. 중국 양과의 교섭도 중요하였다. 구슬은 꿰어야 보배가 되는 법, 당시 백제·신라·왜가 가야지역의 패권을 둘러싸고 암암리에 갈등을 일으키고 있어 실 하나로 꿰매기가 그리 쉽지 않았다. 결국 백제가 가야에서의 즉각적인 무력 충돌을 자제한 채 신라와 재결합을 하였고, 또한 가야와의 협력을 통해 신라와 고구려를 견제한다는 명분을 내세워 가야를 고구려전에 동원할 수 있었다.

백제는 왜에 선진문물을 보내 우의를 다지다

백제가 동맹 파트너로서 참여시켜야 할 나머지 대상국 중의 하나는 왜였다. 5세기 중후반에는 한때 소원한 관계를 가졌지만 유사시 신라를 견제하고 또한 고구려와 대적하는데 군사력을 지원해 줄 수 있는 좋은 파트너였기 때문이다. 더구나 백제 도왜인들이 큐슈 지역이나 기나이 지역에서 상당한 정도의 세력기반을 갖고 있어서 야마토정권이 친백제라인을 유지하는데 큰 역할이 기대되는 곳이기도 하다.

무령왕대에 이르러 백제는 왜와의 관계 회복을 서두르게 되었다. 504년에 백제는 마나군을 왜에 보내 교섭 재개를 타진하였으나 왜가 그동안의 소원했던 관계를 트집삼아 그를 억류하는 사태가 벌어졌다. 이듬해 왕족 사아군을 다시 보내 왜를 달래기도 하였다. 이때 백제는 왜의 토라진 마음을 달래기 위해 전과 같이 왕족급 고위인사를 왜에 보내는 외교책을 구사한 것이다. 백제의 이러한 노력으로 왜의 마음이 점차 열리게 되었다. 509년부터 왜 사신이 백제에 파견되기 시작하였고, 512년에는 백제에 말 40필을 보내기도 하였다. 왜가 광개토왕 남정 이후 처음으로 백제에 군수물자를 제공한 것으로 백제와 왜 관계가 점차 우호적으로 바뀌고 있음을 보여준다. 이후 507~571년까지 왜가 백제에게 군병이나 군수물자를 제공한 것이 모두 9회에 이를 정도로 군사 분야의 지원을 한 것이 6세기 왜의 대백제외교의 특징이다. 백제가 당시 고구려와 공방전을 벌이고 또한 남방지역 진출로 인해 대가야와 다투고 있었기 때문에 왜로부터의 군사적 지원이 절실하였던 것이다.

반면 백제는 왜의 군사적 지원에 대한 보답으로 선진문물을 제공하였다. 513년에 오경박사 단양이가 처음으로 왜에 파견된 이래 516년에는 단양이를 교체하여 오경박사 한고안무를 파견하였다. 백제는 섬진강유역을 확보하기 위해 왜와의 군사협력이 필요하였고, 그 대가로 오경박사를 왜에 파견한 것이다. 이어 554년 백제 성왕대에 이르러 한강하류유역을 탈취한 신라에 대항하기 위해 오경박사 뿐 아니라 승려와 역박사, 채약사 등과 같은 전문기술자들을 추가로 왜에 파견하였다. 백제가 신라와의 관계가 점차 악화됨에 따라 인적교류를 확대한 것이다. 왜는 백제에 군원을 제공하는 대가로 백제로부터 선진문물을 제공받을 수 있었다. 선진문물은 고대국가 경영에 필요한 이데올로기와 통치기술이었다. 백제의 선진문물 제공은 왜의 요청에 의해 이루어진 것이다. 왜는 이러한 고급문화를 백제로부터 수용하면서 고대국가 형성에 유리한 조건을 확보해 나갔다.

이로서 6세기 이후 백제와 왜국 사이의 외교 형태는 백제의 우수한 선진문물과 왜의 군원을 서로 주고받는 '기브앤테이크(Give&Take)' 외교 시스템으로 변화하였고, 이에 따라 왜는 친백제노선으로 전환하면서 중심적 외교 파트너를 가야에서 백제로 바꾸어 양국 간의 우호관계를 공고히 하는 계기로 삼았다.

6세기 후반 '기브앤테이크(Give&Take)' 외교 시스템의 정착
배신한 신라에 맞서기 위해 왜에 청병을 한 백제

553년 신라가 한강하류일대를 백제로부터 빼앗은 사건은 백제에게는 큰 충격이었다. 이에 앞서 551년에 백제가 신라와 가야를 동맹군으로 편성하여 함께 고구려군을 몰아내고 한강유역을 되찾은 바 있었다. 얼마 안 되어 백제는 신라의 배신으로 한성 옛 땅을 빼앗긴 것이다. 배신한 신라에 맞서기 위해서는 굳건한 동맹국인 가야와 왜로부터의 군사적 도움이 절대 필요하였다. 다급해진 백제는 554년 관산성 전투가 일어날 때까지 왜에 모두 5차례나 원병을 요청했다. 백제가 요청한 것은 병력과 군수물자인 활, 군마 등이었다. 553년 왜는 군대를 보내지 않고 말 2필을 지원하는 대신 의박사 등의 교대를 요구하였다. 그러다가 554년 왜는 자신이 요구했던 의박사 등 대규모 전문기술자들의 지원이 있고서야 비로소 군대를 파견하였다. 왜는 백제의 긴급한 상황을 이용하여 청병을 조건으로 대대적인 선진문물의 지원을 이끌어냈던 것이다. 백제의 우수한 선진 문물과 왜의 군원을 서로 주고받는 '기브앤테이크' 외교 시스템이 백제와 왜 사이에 새로운 외교 형태로 자리잡게 된 것이다.

관산성 전투에 왜가 참전하여 참패하다

554년 5월 백제가 전력을 다해 신라를 총공격하는 관산성 전투에 왜가 드디어 원병 파견을 결정하였다. 그동안 백제의 지속적인 청병 외교활동이 결실을 맺게 된 것이다. 왜가 백제에 지원한 것은 말·배·활·화살 등 군수 물자와 1천 명에 달하는 병력 파견이었다. 백제의 청병을 위한 집요한 노력에 비해 지원 규모는 미흡한 편이었다. 가야군도 참전이 예정되어 있었다. 백제는 신라 정벌에 대한 찬반 논의가 있었지만 결국 주전파의 주장이 관철되어 일단 신라 정벌이 결정되었다.

이 전투는 554년 7월에 백제-가야-왜 연합군이 사비성을 출발하여 관산성(옥천)에 도착했을 때 신라군으로부터 강한 저항을 받게 되면서 치열한 양상으로 전개되었다. 이때 왜병은 백제 5방의 하나인 동방에 소속되어 백제군과 함께 관산성에서 신라군와 격전을 치렀다. 태자를 위로하기 위해 길 떠난 성왕이 신라군의 매복 작전에 의해 사로잡힘으로써 전황은 역전이 되어 신라의 완승으로 끝났다. 이 전투에서 백제 연합군은 성왕을 비롯하여 최고 관등인 좌평 4명과 3만에 가까운 병사들이 패사하였으니 가히 치명적이라 할 수 있다. 관산성 전투는 한반도 정세를 변화시킨 일대 사건이었다. 이를 계기로 백제와 신라는 동맹관계가 무너지고 멸망 때까지 적대관계로 돌변하게 되었다. 동맹관계인 가야세력마저 신라에 의해 멸망당함으로써 백제의 고립화가 촉진되었다.

백제 불교에 흠뻑 빠진 왜

백제는 관산성 전투 때 중흥의 영주 성왕이 패사하고 위덕왕이 즉위하였다. 555년 2월 위덕왕은 동생 혜(惠)를 왜에 보내 성왕의 패사를 알리고 신라에 대한 보복을 하기 위해 청병외교를 전개하였다. 그 결과 혜는 556년 정월에 임무를 마치고 왜로부터 1,000명의 호위병과 병기와 군마 등을 지원받고 귀국하였다. 이때 왜가 백제에 지원한 내용은 위덕왕의 기대만큼 미치지 못하였다. 위덕왕은 554년 9월의 진성전투와 562년 7월 두 차례에 걸쳐 신라에 대한 보복전을 벌였으나 의도한대로 큰 성과를 이루지 못하고 패퇴하였다. 그 뒤 백제와 왜 사이의 교류는 한동안 중단되었다.

백제와 왜 양국이 다시 교섭을 재개한 것은 혜가 귀국한 지 거의 20년이 되는 575년 2월이었다. 왜의 지원이 기대만큼 못한데다가 위덕왕은 중국과의 관계를 보다 우선시했기 때문이다. 백제가 오랜만에 왜에 사신을 보내자 그 답례로 왜도 사신을 보내면서 양국이 다시 교섭을 재개하려는 움직임이 나타났다. 그 후 577년부터 백제는 왜에 불교관련 문물과 기술자를 대거 파견함에 따라 양국은 밀접한 교섭을 갖게 되었다. 이때 백제는 불경과 율사를 비롯한 승려들, 그리고 절과 불상을 만드는 기술자 등 주로 불교 문물에 관한 서적과 인적 자원을 제공하였다. 572년에서 628년까지 백제와 왜 사이의 교섭 내용은 국교 재개(575), 불경과 불교관련 기술자 파견(577), 일라(日羅)의 파견과 왜 국정 자문 역할(583), 수계법의 왜 전수(587), 백제 사신과 승려 파견(588), 비구니 등이 백제에 유학한 후 귀환(590), 승려 혜총(慧聰)의 파견(595), 왕자 아좌(阿佐)의 파견(597), 낙타·나귀·꿩·양의 제공(599) 등이었다. 특히 당시 실권자였던 소가노우마코[蘇我馬子]가 백제로부터 불교 수용에 앞장을 섰고, 또한 596년에 백제의 기술로 일본 최초의 사원인 호코지[法興寺, 뒤에 飛鳥寺]를 완공하기도 하였다. 이 절의 완공을 기념하는 불사리 봉안식에는 소가노우마코를 비롯한 100여 명의 인사들이 모두 백제 옷을 입었더니 보는 사람들이 한결같이 기뻐했다고 전한다. 당시 백제문화에 대한 동경과 열기가 어느 정도였는가를 짐작케 해주는 대목이다. 일본열도는 그야말로 백제문화에 흠뻑 빠져 있었던 것이다.

　이로서 백제는 577년 11월부터 불교 문물과 여러 부문에 걸친 전문 기술자를 왜에 보내면서 왜와의 긴밀한 관계가 복원되었다. 그러는 중 597년에는 백제가 왕자 아좌를 파견하여 유사시에 대비케 하는 등 정치적 군사적 관계도 복원되었다. 이처럼 백제와 왜 사이에 불교문화의 교류가 활발히 이루어진 것은 양국 모두가 불교를 통하여 새로운 정치적 변화를 도모한 데에서 기인한 것이다. 당시 불교가 국가의 지배 이념으로서 국왕과 귀족의 타협을 통한 새로운 정치 질서 확립에 큰 영향을 주었기 때문이다. 백제는 이러한 선진 문물의 공급을 통해 왜와의 우호관계를 복원시킬 수 있었고, 반면 왜는 중국과의 외교가 단절된 상태에서 백제를 통한 선진 문화요소를 수용하여 야마토 정권 중심의 새로운 정치질서를 창출하고자 하였던 것이다.

5. 애증이 교차한 백제와 왜의 관계

새로운 통합의 역사가 펼쳐진 동아시아

　7세기의 동아시아 역사는 수·당 통일제국의 등장으로 새로운 통합의 역사가 펼쳐지는 변화와 격동의 시대였다. 중국이 오랜 분열기인 남북조시대를 끝내고 통일제국이 등장하였다. 동아시아는 이제 통합의 시대를 맞게 된 것이다. 이에 따라 수(隋)는 고구려와 친선관계를 유지하지 못하고 전쟁관계에 돌입해 결국 막대한 피해를 입고 내란이 일어나 멸망하였다(618). 수를 이은 당(唐)도 고구려를 공격하여 전쟁에 돌입하고 있었다.

　7세기 삼국관계는 새로운 변화를 맞게 되었다. 삼국은 자국의 이해관계에 따라 서로 물고 물리는 치열한 각축전을 벌이면서도 그 과정에서 중국의 수·당 제국과 세력연합을 꾀하였다. 반면 수·당 제국은 고구려를 자국의 세계관에 편입시키기 위해 고구려를 침략하게 되면서 이제 중국이 삼국관계에 직접적으로 개입하는 현상이 생겨났다. 따라서 수·당의 개입 여하에 따라 삼국간의 역관계가 크게 변화하는 새로운 변수가 대두된 것이다.

동아시아의 정세 변화에 따라 왜의 대외정책도 변화하였다. 쇼토쿠태자[聖德太子]가 섭정하고 608년 수에 사절단[遣隋使]을 파견하였으며, 645년 다이카개신[大化改新] 등 일련의 개혁정치와 정권교체를 거치면서 종래의 대외관계가 점차 다변화하기 시작하였다.

왜는 다변화 외교로 백제를 대하다
왜의 독자 외교 추진과 백제와의 갈등

7세기 초 백제는 무왕대 대외정책은 변화하였다. 고구려와 일정한 연계성을 가지면서 수에 접근하는 형태를 취하면서 신라에 대해서는 적극적인 공세를 취하였다. 왜와의 관계는 동아시아 정세와 집권세력의 변화로 인해 달라졌다. 백제에서는 무왕이 즉위하였고 당시 왜는 일본 최초의 여성천황인 스이코천황[推古天皇:재위 593~628]대로서 쇼토쿠태자가 섭정을 하면서 실권자인 소가씨의 지지 하에 일련의 정치개혁을 추진하고 있었다. 그가 추진한 개혁 내용 중 주목되는 것이 수에 사신을 보낸 일이다. 608년 왜의 사절단 일행이 수에 파견된 후 귀국하는 길에 수의 사절단 배세청(裵世淸) 일행이 그 답례로 왜를 방문하였다. 이는 그동안 왜왕 무가 478년 중국과의 통교를 단절한 이후의 일로서 130년 만에 중국왕조와의 통교가 재개되었음을 뜻한다. 왜가 수에 사신단을 파견할 때는 학문승과 유학생이 함께 동반하고 있는 것으로 보아 왜가 정치개혁에 필요한 선진문물을 수용하기 위해 백제를 거치지 않고 중국과 직접 교섭을 한 것이다.

이러한 왜의 다변화 노력에 대해 가장 탐탁치않게 여긴 나라는 백제였다. 백제의 대왜관계에 있어서 백제의 역할이 상대적으로 축소될 뿐 아니라 전통적인 친백제노선의 기조가 자칫하면 흔들릴 수도 있기 때문이었다. 608년에 일어난 백제의 국서 탈취사건이 일어나면서 양국 관계에 갈등이 있었음을 보여준다. 이 사건은 수에 건너간 왜의 사신단이 귀국을 할 때 백제를 경유하였는데, 이때 백제가 수의 국서를 빼앗은 것이다. 이 사건은 양국 모두 기존의 우의를 훼손하지 않는 선에서 더 이상 확대되지는 않고 마무리되었다. 이는 왜의 독자적 외교정책에 대한 백제의 강력한 경고의 표시였다.

왕자 풍장을 왜에 보내 관개 개선을 촉구하다

7세기 초반 백제와 왜 관계는 한동안 소원하였다. 603년부터 628년까지 왜의 삼국 관계를 살펴보면 백제는 단 1회(615)에 불과한 반면 고구려는 4회, 신라는 5회로 증가하고 있다. 스이코천황 집권 때 왜정권은 친백제일변도의 대외정책을 수정하고 고구려와 신라와의 관계를 보다 중시하는 다원적인 외교를 전개한 것임을 알 수 있다. 628년 왜의 독자성을 추구하던 쇼토쿠태자와 스이코천황이 죽자 왕위계승을 둘러싸고 지배세력들 사이에 분쟁이 있었다. 이 분쟁에서 소가씨 세력이 승리하고 죠메이천황[舒明天皇:재위 629~641]이 즉위하였다. 이 와중에 왜국내 친백제세력이 큰 타격을 입었다.

이에 631년 백제는 무왕의 아들 풍장을 왜에 보내 관계 회복을 도모하였다. 이는 왜국 내의 친백제세력을 재건하고 왜와의 관계를 보다 굳건히 하기 위해서였다. 이후 양국 관계는 어느 정도 우호를 찾을 수 있게 되었다. 죠메이천황은 백제에 열광을 할 정도로 친백제정책을 유지하였다. 639년에 그는 백제천가에 큰 절과 궁궐을 짓고 이를 백제사와 백제궁으로 이름을 지은 다음 백제궁에서 살다가 죽었다. 그리고 그가 죽은 후 북쪽에 시신을 모시고 백제대빈(百濟大殯)이라고 이름하는 등 백제에 열광하는 모습을 보여주었다.

의자왕의 친위쿠데타로 인해 왜 관계가 경색되다

의자왕이 즉위 초인 641년에 왕모가 돌아가신 것을 계기로 동생의 아들 교기를 비롯한 근친왕족들과 고관 40여 명을 섬으로 추방시키는 정변이 일어났다. 이는 의자왕이 개혁정치를 펼치면서 왕권강화를 이루기 위해 단행한 친위쿠데타였다. 이 과정에서 왕의 동생을 비롯한 반대세력들을 추방한 것이다. 당시 왜 조정은 죠메이천황이 죽고 고교쿠천황[皇極天皇:재위 642~644]이 즉위하자 조정의 정치적 실권은 소가씨에 의해 장악되었다. 실권자 소가씨는 의자왕 초기의 정변에서 추방된 교기를 우대하면서 백제에 대해 일정한 거리를 두는 입장을 취하였다. 이에 백제는 최고의 관등을 가진 대좌평 사택지적을 왜에 파견하여 왜와의 불편한 관계를 해소하려 하였으나 성과를 거두지 못하고 귀국하고 말았다.

백제가 왜와 관계 개선을 위해 총력을 기울이다

645년 6월 왜 정권에 세력교체가 있었다. 그동안의 실권자였던 소가씨가 제거되고 고토쿠천황(孝德天皇:재위 645~654)이 즉위하였다. 새로이 집권세력을 재편한 고토쿠 천황은 645년 정월에 다이카개신을 단행하여 국정을 쇄신하였다. 다이카개신이 단행된 이후에도 백제와 왜 관계는 그렇게 원만하지 못하였다. 왜는 백제와 신라 어느 한쪽으로 치우치지 않는 등거리 외교정책을 유지해 갔다. 653년 의자왕이 그의 아들 부여풍을 왜에 보내 왜와의 우호관계를 회복한 것이다. 부여풍을 정치적 담보물인 볼모로 보내 의자왕 즉위 이후 한동안 불편했던 양국 관계를 청산하려는 의도에서였다. 아울러 당시 신라가 적극적으로 친당정책을 추진하여 당에 접근하는 상황에 대처하기 위해서였다.

당시 백제는 당과의 관계를 단절하고 고구려를 완전히 신뢰할 수 없는 상황에서 후원세력으로서 왜의 가치를 매우 중요시하였다. 655년 백제는 100

여 명의 대규모 사절단을 왜에 파견하였지만 고구려와 신라도 왜와의 교섭을 게을리 하지 않았다. 한반도의 세력 관계에서 삼국은 모두 중요해진 왜에 주목한 것이다. 때마침 왜는 고토쿠천황이 죽고 사이메이천황[齊明天皇:재위 655~661]이 즉위하였다. 왜는 백제·고구려와 손을 잡고 당·신라에 대항하려는 태도를 분명히 하였다. 그리고 당의 침입에 대비하여 수도를 바닷가 나니와[難波:오사카]에서 내륙의 아스카로 옮겨서 방위 체제를 강화하였다. 이로 인해 왜는 당과 신라에 대해 적대관계를 유지하게 되었다. 그러나 백제가 왜 관계를 강화하려는 노력만큼 왜의 입장은 백제와 같지 않았다. 사이메이천황은 지배층 사이의 정치적 갈등과 대규모 토목공사를 벌이다가 내분이 일어나는 등 대내적인 문제에 발목이 잡혀 백제를 도울 직접적인 행동을 보여주지 못하였다. 660년 나당연합군에 의해 백제가 멸망할 때까지 왜는 백제가 신뢰할 만한 우군으로서 커다란 역할을 하지 못했다.

대규모 왜병을 파견하여 백제부흥군을 적극 돕다

660년 백제가 멸망하자 백제를 부흥시키려고 많은 부흥군이 각처에서 일어났다. 그 중에서 임존성(대흥 봉수산성)을 근거로 한 복신과 승려 도침의 부흥군이 핵심이었다. 처음에는 임존성이 부흥군의 중심이었으나 후에 주류성(부안)으로 중심지를 옮겼다. 660년 10월 부흥군은 왜에 군사원조를 요청하는 동시에 왜에 볼모로 가 있는 부여풍을 귀환시켜 줄 것을 요청하였다. 661년 3월에 부여풍이 귀국을 하자 부흥군은 풍을 옹립하여 왕으로 삼음으로써 백제부흥운동의 정통성을 찾고자 하였다. 이로서 부흥군은 명실공이 부흥왕조로서의 체제를 갖추게 되었고 끊어진 백제를 다시 일으키는데 걸맞은 명분을 갖추게 된 것이다.

한편 백제의 멸망으로 한반도에서 세력 균형이 깨지자 왜는 위기위식을 느끼게 되었다. 나당연합군이 백제를 멸망시킨 후 이어 왜를 침공할지도 모

른다는 불안감을 갖고 있었다. 이에 왜는 자국의 경비를 강화하면서 고구려와 연합하여 백제부흥군을 적극 지원하기로 결정하였다. 왜는 백제 멸망 직후 복신의 구원 요청을 받고 백제에 출병 준비를 하던 중 661년 7월에 사이메이천황이 갑자기 죽는 바람에 출병이 잠시 지체되었다. 이후 왜는 부여풍이 귀국을 할 때에는 5천여 명의 호송군을 파견하였고, 부흥군에게는 상당한 양의 군수물자를 제공하였다. 드디어 663년 나당연합군의 총공세에 직면한 백제 부흥군은 고구려와 왜에 원병을 요청하였다. 이에 왜군은 선발부대 1만 명과 본진 1만 7천 명으로 구성된 27,000명의 대규모 지원군을 백제에 파견하였다. 왜군이 도착하여 집결한 곳은 백강(白江)이었다. 이것이 유명한 백강전투다. 이 전투는 663년 8월 27일에 전개되었다. 왜 수군과 나당 수군 사이에 대회전이 벌어진 것이다. 기상 조건이나 조수간만의 차를 잘 알지 못했던 왜 수군이 당 수군의 화공책에 속수무책으로 당하고 말았다. 나당연합군은 왜선 400척을 불태웠는데, 그 연기와 불꽃이 하늘을 붉게 물들고 바닷물도 빨개졌다고 한다. 663년 9월 1일 나당연합군의 총공세에 몰린 백제부흥군은 주류성을 함락당한 채 항복하고 말았다.

6. 마무리하며

　백제와 왜의 관계는 모든 국제관계가 그렇듯이 자국 내부 사정과 동아시아 국제정세의 역관계 변화에 따라 애증을 거듭한 것으로 나타났다. 그렇지만 백제와 왜 두나라는 전반적으로 우호관계를 유지한 것으로 볼 수 있다. 삼국의 항쟁 과정에서 백제는 고구려나 신라와 대항하기 위해 왜의 도움을 필요로 하였고, 그것이 4세기 말~5세기 초 광개토왕 남정 때, 554년 관산성 전투, 그리고 663년 백강 전투를 통해 실현되었다. 이때 왜의 역할은 어디까지나 백제의 부수적인 것에 불과하였으며, 참전을 통해 자국의 이익을 극대화하기 위한 것이었다. 어쨌든 백제와 왜 두 나라는 냉혹하고 변화무쌍한 국제관계 속에서도 국가의 존립과 이익을 함께 모색하기 위해 지속적으로 우호관계를 유지하려고 하였다. 이러한 외교술은 오늘날 교착상태에 빠져있는 한일관계를 복원 개선하는데 한 실마리를 줄 수 있을 것이다.

일본 고대사 속의 가와치 지역과 도왜인의 활동

노 중 국(계명대학교 명예교수)

1. 가와치란 어떤 곳인가

우리가 살펴보고자 하는 가와치[河內] 지역은 율령국가 시기에 가와치국이 있었던 곳을 말한다. 가와치국이라는 이름은 가와치국의 북쪽에 있는 야마시로가와[山城川]와 연계하여 '하천 안에 있는 곳'이라는 의미로 붙여졌다고 한다. 『화명유취초(和名類聚抄)』에 의하면 가와치국에 대해 '가후치[加不知]'라고 훈을 달고 있기도 하지만 현재는 하내(河內)를 '가와치'로 읽는다.

가와치 지역은 서쪽으로는 오사카만에 접해 있었다. 따라서 바다와 접하지 않은 내륙에 위치한 야마토 정권에서 보면 가와치 지역은 해상 교통의 관문이었다. 또 가와치 지역과 야마토 지역 사이에는 이코마산[生駒山]이 가로놓여 있었다. 그래서 가와치 지역은 야마토 지역을 지켜주는 최후 방어선의 역할을 하였다.

가와치 지역의 범위는 어떻게 변화했는가

가와치 지역은 시기에 따라 그 범위를 달리하였다. 초기의 가와치 지역은

이코마산에서 내려다 본 가와치 평야

이즈미국[和泉國] 지역은 물론 셋츠국[攝津國]의 동쪽 지역도 포함한 광대한 지역을 가리키는 명칭이었다. 그래서 『일본서기』에서는 초기의 가와치를 대(大)가와치 또는 범(凡)가와치 등으로 표기하기도 하였다.

　그 후 가와치국 지역은 몇 차례의 변화과정을 거치면서 그 범위는 축소되었다. 첫 번째의 변화 원인은 '임신(壬申)의 난'이었다. 이 난은 텐지천황[天智天皇:재위 668~672]이 죽은 후 일어났다. 다이카개신[大化改新]을 주도하고 독재적 권력을 기반으로 여러 개혁을 추진하였던 텐지는 자신의 후계자로 오오토모[大友]황자를 지명했다. 그러나 텐지가 671년에 돌아가자 그의 정치에 대한 불만을 품은 오오마나노오지[大海人]황자가 672년에 오오토모황자의 세력을 제압하고 아스카의 키요미하라궁[淨御原宮]에서 즉위하였다. 이를 '임신의 난'이라고 한다. 임신의 난 이후 셋츠 지역에 셋츠국이 설치되었다. 이로 말미암아 셋츠 지역은 가와치국의 범위에서 빠졌다.

　두 번째의 변화는 이즈미국의 설치이다. 겐메이천황[元明天皇:재위

707~715]은 716년 치누궁[茅渟宮:현 이즈미시]의 경영과 유지를 위해 가와치국에서 오토리군[大鳥郡], 이즈미군, 히네군[日根郡] 등 3군을 떼어 이즈미감[和泉監]을 설치하였다. 감은 국의 지배를 받지 않는 특별행정지역이었다. 그에 따라 이즈미국 지역은 가와치국의 지배를 받지 않게 됨으로써 가와치국의 범위에서 빠지게 되었다. 그럼에도 불구하고 가와치국은 야마토와 셋츠 혹은 야마시로와 셋츠를 연결하는 지역에 해당되는 교통의 요충지였기 때문에 다이카개신 이후 율령제 지배가 성립해서도 그 중요성은 쇠퇴하지 않았다.

이즈미국의 분립 이후 확정된 가와치국은 14군, 80향으로 이루어졌다. 향은 군 아래에 두어진 지방통치조직 명칭이다. 이 시기 가와치국의 정치 중심지인 국부(國府)는 시키군[志紀郡]에 있었다. 이곳은 오늘날 후지이데라시[藤井寺市] 중심지에 해당된다.

일본 고대사에서 가와치국의 위상

가와치국이라는 지명에 붙은 국(國)은 원래는 독립적인 정치체로서의 국이었다. 이후 율령국가가 성립하면서 국은 지방통치조직의 명칭으로 성격이 바뀌었다. 따라서 가와치국의 위상과 가와치 지역에 대한 이해를 가지기 위해서는 먼저 일본열도 내에서 율령국가의 성립 과정을 살펴보는 것이 필요하다.

3세기 중엽 경까지의 상황을 보여주는 『삼국지』 왜전에 의하면 한(漢) 대에는 일본열도에 100여 국이 있었고, 조위(曹魏) 시대에는 30여 국이 중국 왕조와 통교를 가졌다. 야마대국, 노국, 구노국 등이 대표적이다. 이러한 국의 존재는 이 시기 일본열도는 여러 국이 성립하여 분열되어 있었음을 보여준다.

4세기에 들어오면서 국들 사이에 정복과 통합 운동이 전개되었다. 이 과정에서 핵심적인 역할을 한 것은 야마대국(邪馬臺國)이었다. 야마대국의 위치에 대해서는 기나이[畿內]에 있었다는 설과 큐슈에 있었다는 설이 대립하고 있지만 이후의 역사 전개 과정을 보면 기나이에 있었던 것으로 보는 것이 타당하다고 생각한다. 이 야마대국이 발전하여 기나이의 야마토[大和] 정권을 만들었다.

야마도 정권의 성립 과정에서 일본열도의 국들은 점차 야마도 정권에 병합되거나 흡수되어 갔다. 『송서』 왜전에 수록된 왜왕 무(武)가 478년에 남조 송에 사신을 보내 올린 상표문에 의하면 5세기 전반에 와서 왜왕 무의 할아버지와 아버지가 동쪽으로 모인(毛人)의 55국을 정복하고, 서쪽으로 중이(衆夷)의 66국을 복속시키고, 바다 건너 해북(海北)의 95국을 평정하였다고 하였다. 이후 일본열도에는 독자적인 정치체로서의 국은 더 이상 보이지 않는다. 이는 야마토 정권이 각 지역의 국들을 통합하였음을 보여준다.

이러한 국들을 통합하면서 야마토 정권은 대왕을 정점으로 하는 기내의 유력한 호족들로 구성된 호족연합정권을 만들었다. 호족은 혈연을 중심으로 결합된 '씨(氏:우지)'라고 하는 혈연 집단을 형성하여 인민이나 토지를 영유하면서 야마토정권의 여러 직무를 분담했다. 대표적인 씨로는 가츠라기씨[葛城氏], 헤구리씨[平群氏], 소가씨[蘇我氏], 모노노베씨[物部氏], 오오토모씨[大伴氏] 등이 있었다.

이 씨들은 '성(姓:카바네)'이라고 불리는 칭호를 대왕으로부터 받아 그것을 대대로 세습하였다. 성에는 신(臣:오미), 련(連:무라지), 군(君:키미), 직(直:아타이) 등이 있었다. 특히 유력한 호족에게는 대신(大臣)이나 대련(大連)이 주어졌다. 이러한 성을 받은 자들이 중앙정치를 담당하였다. 이와 같이 '씨'와 '성'을 토대로 한 야마토정권의 지배체제를 씨성(氏姓)제라고 한다.

호족연합 정권 체제에서 야마토 정권은 미야케[屯倉]라 불리는 직할지를 증대하여 지방에 대한 지배를 강화해 나갔다. 그러면서 정권에 복속한 각 지방의 호족들에게 국조(國造)라고 하는 지위를 부여하였다. 이 시기에 국조는 지방관과 같은 성격을 가졌다. 그렇지만 이 국조는 이제까지 자신들이 지배하고 있던 영역에 대한 지배권을 인정받고 있었고 또 그 칭호에는 국이 들어있다. 이처럼 국조에 독자적인 정치체로서의 국의 전통이 이어지고 있기 때문에 이 시기에 중앙은 전국의 토지와 인민을 일원적으로 지배할 수 없었다.

4~5세기에 걸쳐 야마토 긴키[近畿]의 대수장 본거지는 오늘날의 가와치로 옮겨졌다. 그 결과 이곳에는 거대한 전방후원분(前方後圓墳)이 축조되었다. 이때부터 야마토 정권은 본격적으로 지방 정권을 압도하게 되었다.

6세기 이후에도 야마토 정권에 의한 중앙집권화 노력은 지속되었다. 스이코천황[推古天皇:재위 593~628]대에 들어와 소가노우마코[蘇我馬子]와 함께 국정 운영권을 장악한 쇼토쿠태자[聖德太子]는 관료들의 상하 위계질서를 보여주는 관위(冠位) 12계를 만들었고, 조정에 봉사하는 호족들이 관료로서 지켜야 할 도덕적 규범을 보여주는 헌법 17조를 제정하였다.

이후 645년에 이른바 '을사(乙巳)의 변'을 단행하여 소가씨 세력을 타도하고 정권을 장악한 후지와라노가마타리[中臣鎌足]와 나카노오에[中大兄]황자는 대왕을 정점으로 하는 중앙집권적 국가체제를 구축하려고 하였다. 그래서 이들은 신정부의 시정방침인 '개신(改新)의 조(詔)'를 발표하였다. 이를 '다이카개신[大化改新]'이라고 한다. 개신의 조의 내용의 골자는 다음과 같다.

① 토지와 인민을 국가의 지배 아래에 둔다.
② 중앙집권적인 정치, 군사 제도를 만든다.
③ 호적을 작성해서 호적에 등록된 모든 공민에게는 생활의 기본을 유지할 수 있는 구분전을 지급하고, 사후에는 국가에 반납하도록 한다. 이를 반전수수법(班田收授法)이라고 한다.
④ 국가가 거두어들이는 세금은 토지에 매기는 세금인 조(租), 노동력을 동원하는 용(庸), 토산물을 수취하는 조(調)라고 하는 새로운 세제로 통일한다.

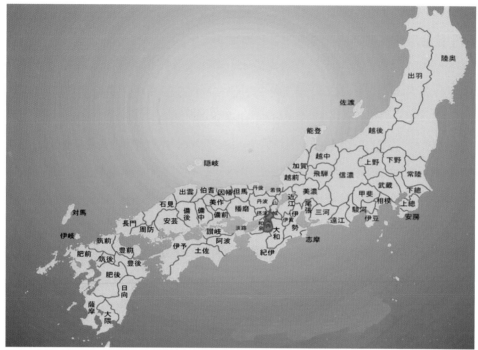

일본 고대 가와치[河內] 지역

　다이카개신은 법령, 즉 율령에 의해 뒷받침되었다. 율령의 율은 형벌법을, 영은 민정법을 말한다. 일본에서 율령은 텐지대에 제정된 오오미령(近江令)에서 시작되었다. 이후 지토천황[持統天皇:재위 690~697] 대인 689년에는 아스카키요미하라령(飛鳥淨御原令)을 시행하였고, 몬무천황[文武天皇:재위 697~707] 대인 701년에는 다이호율령(大寶律令)을 제정하였다. 이로써 일본에서의 율령제가 확립되었다. 이렇게 다이호율령에 의해 일원적으로 통치된 국가를 율령국가라고 부른다.

　율령국가는 종래 야마토 정권기의 씨성제도와 국조제를 토대로 한 지배체제를 천황 중심의 중앙집권체제로 전환시키면서 이루어졌다. 공지공민제와 반전수수법이 행해지면서 율령국가체제는 정연한 관료기구를 갖추었다. 중앙에서는 공경(公卿)을 중심으로 하는 태정관(太政官) 아래에 8개의 성(省)을 두어 정무를 분담하도록 하였다.

지방은 기나이와 7도(七道)라고 하는 광역의 행정구역을 설정하였다. 기나이는 경(京)과 그 주변의 5국으로 이루어졌다. 5국은 야마토국, 야마시로국, 가와치국, 셋츠국, 이즈미국을 말한다. 7도는 중앙에서 지방으로 통하는 간선도로인 관도(官道)에 연한 국들이었다.

국 아래에는 군이, 군 아래에는 리가 두어졌는데 각각 국사(國司), 군사(郡司), 이장(里長)이라는 지방관이 두어져 지방을 다스렸다. 이를 국-군-리제라 한다. 국사는 중앙으로부터 파견되고 수년 마다 교체되었다. 군사(郡司)는 지방의 유력자(호족)가 맡았는데 종신직이며 세습도 인정되었다. 이장은 유력한 농민 가운데서 선발되어 행정의 말단에서 세무 등의 업무를 행했다.

율령국가가 성립하면서 가와치국은 기나이를 구성하는 국으로서의 위상을 가지게 되었다. 대국으로서의 가와치국의 위상은 이곳에 세워진 신사의 수가 합계 113좌 93사로서 야마토국과 야마시로국에 버금간다고 하는 사실에서 확인된다.

2. 가와치 지역에 남아 있는 일본 고대의 문화

가와치 지역은 오사카만에서 야마토 조정에 이르는 통로로 일본 고대문화의 형성을 선도하였다. 이의 흔적을 분명하게 보여주는 것이 무덤과 불교이다. 가와치 지역은 전방후원분이라는 독특한 고분 문화의 중심지였고, 불교의 전파지로 초기 사찰지가 많이 남아있던 곳이다. 그러면 대표적 일본 고대문화인 고분 문화와 불교 문화에 대하여 살펴보기로 하자.

고분 문화

가와치 지역은 지형을 이용한 관개 시설의 정비로 일찍부터 개척이 진행되었다. 또 서쪽으로는 바다를 끼고 있어 수상교통 면에서의 이점도 있었다. 그래서 야마토 조정은 가와치 지역을 전국 지배나 한반도로 나아가는 유력한 근거지로 삼기위해 이 지역으로의 진출을 적극 도모하였다. 그래서 이곳에는 천황의 직할지인 미야케[屯倉]의 설치가 활발히 진행하였다. 이를 뒷받침해 주는 것이 이 지역에 조영된 거대 고분군이다.

일본열도에서는 3세기 후반 이후 야마토 지역을 중심으로 전방후원분이라는 대규모 고분이 축조되기 시작하였다. 이러한 거대 고분은 야마토 지역(현재의 나라현)에서 먼저 조영되기 시작되었다. 이후 거대한 고분의 축조는 4세기 중엽에는 북으로는 동북 중부에서 남으로는 큐슈 남부까지 확대되어 전성기를 맞이하였다. 그래서 일본고대사에서는 4~6세기를 고훈시대[古墳時代]라고 한다.

이 시기에 만들어진 전방후원분 가운데 가장 이른 것은 나라 분지의 동부 미와산[三輪山] 기슭에 있는 하시하카[箸墓] 고분이다. 이 고분은 3세기 후반에 만들어진 전방후원분이다. 고분의 외형은 북채 모양이며 전장은 280m에 이르고 5단으로 만들어졌다. 이후 만들어진 거대 고분의 대다수는 대왕을 지지하는 유력 호족들의 본거지에 조영되었다. 그런데 고분의 조영 과정을 보면 4세기 후반에는 나라 분지 북부가 중심이었다. 여기에 조영된 고분군으로는 사키[佐紀] 고분군이 대표적이다.

그러나 전방후원분 축조는 4세기 말에 오면 오사카평야 남부로 그 중심이 이동하고 있다. 이후 5세기 말까지 대다수의 전방후원분은 나라 분지를 떠나 오사카 평야에 조영되었다. 오사카 평야에 조영된 대규모 고분군으로는 야마토가와와 합류하는 이시가와[石川]의 좌안에 있는 후루이치[古市] 고분군과 오사카만의 동남안에 있는 모즈[百舌鳥] 고분군을 들 수 있다. 후루이

치 고분군은 가와치국에, 모즈 고분군은 셋츠국에 위치하였는데 일본열도에
서 꼽을 수 있는 2개의 최대 고분군이다. 이 두 고분군은 거의 동서로 마주
바라보고 있고, 오오츠미치[大津道]와 다지히미치[丹比道]라고 하는 두 개의
고대 간선도로에 의해 연결되어 있었다.

후루이치 고분군은 하비키노시[羽曳野市]와 후지이데라시[藤井寺市]에 걸
쳐 있다. 여기에는 4세기 후반에서 6세기 전반까지의 전방후원분 20여기,
방분(方墳) 17기, 원분(圓墳) 7기 등이 현존하고 있다. 이 가운데 곤다[譽田]
고분군은 오진릉[應神陵], 츄아이릉[仲哀陵], 나가츠히메릉[仲姬陵], 시라토
리릉[白鳥陵] 등 거대한 전방후원분을 포함하는 고분군이다. 곤다고뵤야마
[譽田御廟山] 고분(오진릉 추정)은 분구 길이가 415m나 된다. 이 고분은 길
이로 따지면 일본 최대급 전방후원분인 다이센(大仙) 고분[닌토쿠릉(仁德陵)
추정] 다음이지만 표면적과 체적은 제일로 추산되고 있다.

모즈 고분군은 미사사기야마(陵山) 고분[리츄릉(履中陵) 추정]이나 다이센
고분을 비롯해 4세기 후반에서 5세기 후반까지의 전방후원분 23기, 방분 5
기, 원분 19기가 현존하고 있다. 이 가운데 사카이시[堺市]에 위치한 다이센

고분은 전장 486m로서 일본 최대의 전방후원분이다.

후루이치 고분군과 모즈 고분군에는 대왕묘로 지목되는 거대 고분이 많다. 게다가 이 고분군은 두 지역 사이를 왕복하는 것 같이 축조되었다. 이 때문에 이 시기에 와서 왕권이 나라 분지에서 오사카 평야를 기반으로 하는 세력에로 옮겨졌다고 보는 설도 있고, 거대고분의 축조는 막대한 경제적 부담을 동반하기 때문에 나라 분지와 오사카 평야 두 세력에 의해 연합정권이 형성된 것으로 보는 견해도 있다.

6세기 이후로 오면 구덩식돌방무덤 대신 한반도에서 새로 전해진 굴식돌방무덤이 주류를 이루고 있다. 또 큐슈에서는 석실 벽면이나 돌관에 채색이나 조각을 하는 장식고분도 등장한다. 이러한 흐름 속에서 가와치 지역에서는 이코마산지를 따라 조영된 다카야스센즈카[高安千塚] 고분군이나 이치스카[一須賀] 고분군 등 대규모 군집분도 만들어졌고, 다카이다야마[高井田山] 고분이나 다마테야마[玉手山] 고분 등 특징적인 선각(線刻)의 벽화를 갖는 굴식돌방무덤군도 조영되었다. 또 쇼토쿠태자묘나 마츠이즈카[松井塚] 등 소가씨계 왕족의 분묘가 집중적으로 만들어지기도 하였다.

불교 문화

왜가 백제로부터 불교를 받아들인 시기에 대해서는 두 가지 자료가 있다. 하나는 『일본서기』이다. 여기에는 552년에 백제 성왕이 왜에 불상과 경론(經論)을 보냄으로써 왜에 불교가 전해진 것으로 나온다. 다른 하나는 『상궁성덕법왕제설(上宮聖德法王帝說)』이다. 여기에는 538년에 백제로부터 불교가 전해진 것으로 나온다. 이로 말미암아 왜에 불교가 전해진 시기에 대해 552년 설과 538년 설이 나오게 되었다. 현재는 538년에 불교가 공식적으로 전해졌다는 것이 정설로 되어 있다. 이외에 이보다 앞서 6세기 초 경에 한반도로부터 건너온 사람들에 의해 불교가 전해졌다는 견해도 있다. 어느 견해이든지 백제가 왜에 불교를 전해주었다는 사실 자체는 공통이다.

불교가 전해지자 왜 조정에서는 불교의 수용을 둘러싸고 찬반의 논란이 있었다. 재래의 종교를 신앙하는 모노노베노오코시[物部尾興] 등은 불교 수용을 반대하였지만 신흥 호족인 소가씨의 리더였던 소가노이나메[蘇我稻目]는 찬성해서 불교에 귀의하였다. 그렇지만 불교 신앙을 둘러싼 대립과 갈등이 끝난 것이 아니었다. 이후 숭불파인 소가씨와 배불파인 모노노베씨 사이의 대립은 점차 격화되어 갔다. 그러나 587년 소가노우마코[蘇我馬子]가 모노노베노모리야[物部守屋]을 멸망시키고 실권을 장악한 이후 불교 신앙은 점차 퍼져 나갔다.

왜에서 불교가 받아들여지자 백제에서는 선사(禪師), 율사(律師)들을 비롯하여 조불공(造佛工), 조사공(造寺工), 와박사(瓦博士) 등을 파견하여 교단(敎團)을 정비하고 사찰을 건립하기 시작하였다. 아스카데라[飛鳥寺]와 시텐노지[四天王寺]의 건립이 대표적이다. 아스카데라는 소가우마코가 건립한 소가씨의 씨사(氏寺;우지데라)로서 호코지[法興寺] 또는 혼간고지[本元興寺]라고도 한다. 1탑-3금당의 형식은 불사리(佛舍利)신앙이 중심이었음을 나타낸다. 본존인 장육불상은 구라츠쿠리노도리(鞍作造)의 작품으로 알려지고 있다. 시텐노지는 중문-탑-금당-강당을 남북 일직선상에 나란히 한 것이 특징이다. 이는 백제의 가람 양식의 영향을 받은 것이다. 이리하여 일본에서도 불교문화가 꽃피게 되었다.

3. 가와치 지역에 보이는 백제계 문화

가와치 지역의 고분 문화와 불교 문화를 선도한 이들은 다름 아닌 백제계 도왜인들이었다. 그러면 이들이 어떠한 흔적을 남겼는지 개략적인 상황은 살펴보기로 하자.

백제계 고분

일본열도에는 한반도에서 이주해온 사람들이 많았다. 이들 중의 상당수는 가와치 지역에 정착하여 생활의 터전을 만들었다. 그래서 가와치 지역은 한반도 도왜인들이 집중적으로 모여 사는 곳이 되었다. 한반도 도왜인들은 자신들의 지식과 기술과 능력을 토대로 관료로 활동하는 등 중요한 역할을 하였다. 그래서 가와치 지역에는 한반도 특히 백제계 유적과 유물이 많다.

가와치 지역에서 조성된 고분 가운데 한반도 특히 백제와의 깊은 관계를 보여주는 고분으로는 두 사례를 들 수 있다. 하나는 가시와라시[柏原市]의 다카이다야마[高井田山] 고분이다. 이 고분은 야마토가와 변의 구릉 상에 있는 굴식돌방무덤이다. 이 고분 주위에는 총 200기 이상의 대규모 굴식돌방무덤이 있는 것으로 추정되고 있다. 이 고분에서는 많은 부장품이 출토되었다. 이 가운데 청동제 초두는 백제 무령왕릉 출토품과 아주 유사하며, 금층 유리옥도 무령왕릉에서 출토된 것과 연결된다. 그리고 못을 사용한 목관은 당시 일본열도에서는 찾아볼 수 없는 방식으로 백제 목관의 영향을 직접 받은 것으로 추정되고 있다. 따라서 이 고분은 5세기 후엽 백제와 왜 사이에 본격적으로 교류가 이루어진 것을 상징하는 대표적인 유적이라 할 수 있다.

다른 하나는 후지이데라시의 이치스카 고분군이다. 여기에는 약 300기의 고분이 있다. 고분 형태는 직경 10~20m의 원분이지만 방분도 일부 있다. 매장 시설은 대부분 굴식돌방무덤이다. 이곳에서 출토된 유물 가운데 금제 귀걸이와 용문환두대도(龍文環頭大刀)는 대가야산이고, 금동제 신발 등 금공품과 축소모형 취사 도구 등은 백제산이다. 따라서 이 고분군은 대가야계, 백제계 도왜인들에 의해 조영되었을 가능성이 크다.

다카이다야마 고분 발굴 당시의 모습

백제계 불교 문화

가와치 지역에서 꽃핀 불교문화에는 백제 불교의 영향이 강하게 보인다. 가와치 지역에서 백제 불교의 모습을 보여주는 사례로 두 가지를 들어 두기로 한다. 하나는 히라카타시[枚方市]에 위치한 구다라지[百濟寺]이다. 구다라지는 백제왕씨(百濟王氏)와 관련이 있는 사찰이다. 백제왕씨의 히라카타 지역으로의 진출은 백제왕 선광의 증손인 경복에 의해 이루어졌다. 경복은 743년에 무츠노카미[陸奧守]에 임명되었고, 749년에는 사금을 발견하여 황금 900량을 바쳐 도다이지[東大寺] 비사나불 조성에 크게 기여하였다. 그

시텐노지

공로로 그는 가와치노카미[河内守]에 임명되었다. 이후 그는 나니와에서 가타노군으로 본거지를 옮겼다. 그리고 씨사로서 구다라지를 조영하였다. 『속일본기』 등에 의하면 이 구다라지는 관사(官寺)에 준하는 대우를 받았다.

　다른 하나는 돈다바야시시[富田林市]의 신도하이지[新堂廢寺]이다. 돈다바야시시는 야마토가와 지류인 이시가와의 좌안에 있었던 백제향 내에 위치하는데 고대 아스카 문화의 중심지로 일본 속의 백제문화 고도라고 할 수 있는 곳이다. 이곳에는 백제촌, 하백제 등과 같은 지명이 남아있어 백제와의 교류가 빈번했음을 짐작할 수 있다.

　신도하이지는 문헌사료에는 보이지 않고 발굴조사를 통해 확인된 사찰이다. 발굴결과 이 사찰은 아스카 시대에 창건되었으며, 미나미가와치[南河内] 지역에서 가장 오래된 사원임이 밝혀졌다. 가람은 남문, 중문, 탑, 금당, 강당이 남북일직선상에 배치된 백제식 가람배치 양식을 따르고 있다. 사지 서북쪽에 있는 오함지(烏含池)에서 기와를 구은 가마터가 발견되었는데 이곳에서도 백제계 기와편이 발견되고 있다. 사찰의 가람배치와 출토된 기와를 통해 이 사찰은 615년에 완성된 백제 오합사(충남 보령군에 위치)의 가람배치 및 기와와 같다는 것이 밝혀졌다. 따라서 이 사원의 발원자는 도왜계, 특히 백제계 인물일 가능성이 높다고 할 수 있다.

4. 가와치 지역에서 활동한 백제계 도왜 씨족들

가와치 지역 백제계 불교 문화와 고분 문화의 족적은 백제문화에 익숙한 이들에 의해 남겨졌을 가능성은 매우 크다. 물론 백제문화를 모방한 이들에 의해 만들어진 것도 있겠지만 우선적으로 백제인들이 문화를 전파하였기 때문에 가능하였을 것이다. 그렇다면 이 지역에서 활동한 백제계 도왜계 씨족으로는 어떤 성씨가 있는지를 살펴볼 필요가 있다. 이를 바탕으로 율령국가의 성립 이후 백제계 씨족의 대표라고 할 수 있는 백제왕씨와 그들의 활약상에 대하여 알아보기로 하자.

도왜계 씨족의 성씨
도래인(渡來人)과 도왜인(渡倭人)의 의미

일본열도에는 고구려, 백제, 신라, 가야에서 건너간 사람들이 많다. 또 중국 군현인 낙랑군이나 대방군에서 건너간 사람들도 많다. 왜로 건너간 사람들 중에는 삼국의 조정에서 파견한 사람도 있고, 정치적 어려움을 피해 간 사람도 있고, 경제적인 어려움 때문에 간 사람도 있는 등 그 원인은 다양하였다. 특히 660년에 백제가 나·당연합군에 의해 멸망하자 많은 백제 유민들이 왜로 건너갔다.

왜에 건너간 사람들 중에는 정치적으로 영향력이 있는 사람들도 있었고,

학문이나 기술이 뛰어난 사람도 많았다. 그들이 지닌 학문이나 기술은 의약, 병법, 유학, 축성 기술, 제방 축조 기술, 음악, 말 사육, 건축 기술, 기와 만드는 기술 등등 다양하였다.

한반도에서 일본열도로 건너간 사람에 대해 일본학계에서는 처음에는 『일본서기』의 기록을 따라 '귀화인(歸化人)'으로 불렀다. 귀화라는 용어는 정치적인 용어로서 제왕의 덕화를 흠모하여 귀의한다는 의미를 가진다. 따라서 귀화인은 제왕의 덕화를 흠모해온 사람이라는 뜻이 되는데 이러한 귀화인 개념은 주민의 이동을 표현하기에는 적절하지 않다. 그래서 일본학계에서는 현재 '도래인(渡來人)'이라는 용어를 일반적으로 사용하고 있다. 도래인은 바다를 건너왔다는 의미를 가지고 있으며 가치중립적인 용어이다.

도래인이라는 표현은 도착지인 일본의 입장에서 보면 적당한 표현이다. 그러나 출발지인 한반도를 중심으로 생각하면 '도래인'으로 표현하는 것은 적합하지 않다. 이러한 문제점을 인식하고 근래 우리 학계에서는 '한반도에서 왜로 간 사람'이라는 의미를 강조하여 '도왜인(渡倭人)'이라는 용어를 사용할 것을 주장하는 연구가 나왔다. 도왜인이라는 용어는 한반도에서 당나라로 유학을 간 학생을 '도당유학생(渡唐留學生)'으로 부르고 있는 사실 등과 연계시켜 볼 때 타당하다고 생각된다. 이러한 입장에서 여기서는 '도래인' 대신 '도왜인'이라는 용어를 사용하기로 한다.

대표적인 도왜계 씨족의 성씨

한반도에서 건너간 사람들의 출자(出自)를 보여주는 것이 『신찬성씨록(新撰姓氏錄)』이다. 『신찬성씨록』은 815년에 만들어진 일본 왕실의 족보이다. 이 왕실 족보는 간무천황[桓武天皇:재위 781~806]대에 만들기 시작하여 간무의 제5왕자인 만다친왕(萬多親王)이 완성하였다. 여기에는 1182씨족의 가계가 일목요연하게 기록되어 있다.

성씨의 출자는 신별(神別), 황별(皇別), 제번(諸藩)으로 크게 구분하였다. 신별은 천신지신(天神地神)의 후예라는 신족(神族)을 의미하며, 황별은 천황, 황자의 후손 즉 황족을 말한다. 신족과 황족은 모두 335개 씨족이다. 제번은 한반도와 중국 대륙의 사람을 조상으로 가졌다는 사람들을 말한다.

『신찬성씨록』에는 한반도에서 왜로 건너간 도왜 씨족의 총수가 124씨로 나온다. 이 가운데 반수 이상인 72씨가 가와치에 본관(本貫)을 갖고 있다. 가와치 지역에 이처럼 도왜인계 씨족이 많다는 것은 가와치 지역이 도왜계 사람들의 주된 거주지였음을 의미한다. 도왜계 씨족이 가와치 지역에 집중해서 거주하게 된 것은 왜 조정이 가와치를 장악하기 위해 이들을 의식적으로 배치한 결과로 보인다. 왜냐하면 도왜계 씨족들은 선진 기술이나 문화를 가지고 있어 가와치 평야의 개발에 적합하였기 때문이었다. 그 결과 도왜계 씨족은 가와치 지역의 개발에 참여함과 동시에 야마토조정의 관료로서 복무하기도 하였다.

가와치 지역에 집주한 도왜계 씨족 가운데 대표적인 씨족으로는 서문씨(西文氏), 선씨(船氏), 진씨(津氏), 백저씨(白猪氏), 백제왕씨(百濟王氏), 전변사씨(田邊史氏) 등을 들 수 있다. 이들은 우리에게 잘 알려진 왕인과 왕진이의 후예 씨족으로 일본 고대국가의 형성과 발전에 크게 기여하였다. 이에 대해서는 가와치 지역의 백제계 씨족에서 자세히 살펴보기로 하고, 여기서는 백제왕씨의 유래와 활약상에 대하여 알아보기로 하자.

백제왕씨의 활동
멸망한 왕족에서 일본의 귀족으로 거듭난 백제왕씨(百濟王氏)

백제왕씨는 백제가 멸망한 후 왜로 건너와서 머물게 된 선광(善光)에서 시작되었다. 선광은 의자왕의 아들이었다. 선광은 의자왕 대에 왜국으로 건너가서 구다라노오이[百濟大井], 즉 현재 오사카부 가와치나가노시[河內長野

市] 지역에 거주하였다.

663년 백강구 전투에서 왜의 지원군이 패배한 후 많은 백제 유민들이 왜국으로 왔다. 왜는 이러한 망명객들을 결집하기 위한 필요에서 664년 선광을 백제왕으로 삼아 구다라노오이에서 나니와로 이주시켰다. 왜 조정이 선광을 멸망한 백제 왕통을 잇고 있는 백제왕으로 대접한 것은 멸망한 왕조의 왕족에 대한 우대책의 일환이었다. 그래서 왜 조정은 백제왕 선광을 상징적인 의사(擬似) 번국왕으로 간주하였던 것이다.

671년 텐지천황이 사망한 후 즉위한 텐무천황[天武天皇:재위 673~686]은 새로 8색의 성(姓)을 제정하여 씨족들을 새로운 질서 속에 편입시켰다. 그렇지만 백제 유민들은 8색성 질서에 포함시키지 않았다. 선광을 왜국왕이나 마찬가지로 씨성이 필요 없는 사람으로 보았기 때문이다.

선광왕은 686년 지토천황이 즉위할 때까지 백제왕으로 대우받고 있었다. 그러나 690년 말경 이미 노쇠한 선광왕은 백제를 회복할 가능성도 희박해지자 망명자 생활을 접고 관위를 받아 왜국의 신하가 되기로 하였다. 왜국의 신하가 된다면 다른 왜국 관인들과 마찬가지로 왜국식의 씨성이 필요하였다. 이에 선광은 백제왕을 씨성으로 쓰고, 백제 왕족의 성이었던 여(餘)를 자신의 이름 앞에 부쳐서 자신이 백제왕의 후예임을 나타내고자 하였다.

691년 정월 지토천황은 선광의 뜻을 받아들여 백제왕을 씨성으로 쓰도록 하였다. 그래서 백제왕씨가 만들어졌다. 이로부터 '백제왕'은 '왕'이라는 의미보다는 '성'으로서의 의미를 가지게 되었다. 백제왕의 '왕'은 8색 성의 상위에 있는 것으로 왜국의 왕족에게만 주어지는 칭호다. 지토천황은 선광과 그 자손에게 백제왕의 칭호를 내려줌으로써 이들을 왜국의 준왕족으로 대우하였다.

도다이지 대불

황금을 공급하여 도다이지 대불 조성에 크게 기여한 백제왕경복(百濟王敬福)

왜 조정에 의해 백제왕의 칭호를 받은 선광의 아들로는 창성(昌成), 남전(南典), 원보(遠寶)가 있었다. 창성의 아들은 낭우(郞虞)이고, 낭우의 셋째 아들이 경복(敬福:724~749)이다. 그는 나니와[難波]에서 그의 씨족을 이끌고 오사카의 히라카타시로 옮겨 번창을 누렸다.

백제왕씨는 쇼무천황[聖武天皇:재위 724~749]과 고묘황후[光明皇后]의 필생의 사업인 노사나대불을 조영하는데 많은 활약을 하였다. 백제왕 자경과 전복은 노사나대불을 조영하는 것에 찬성하고 적극 협력할 것을 약속하였다. 그리고 백제 출신인 왕인의 후손으로 알려진 승려 교키는 제자들을 데리고 기나이 지방을 돌아다니면서 사람들을 설득하였다.

747년 쇼무는 곤슈지[金鐘寺], 즉 야마토국의 곤코묘지[金光明寺]를 도다이지로 명칭을 바꾸고 대불 조영 사업을 추진하였다. 이때 노사나대불 제작을 직접 지휘한 사람은 백제계 출신 대불사(大佛師) 쿠니나카노키미마로[國中連公麻呂]였다. 키미마로는 백제 멸망 때에 백제에서 망명해온 덕솔 국골부(國骨富)의 손자다. 747년 9월부터 749년 10월까지 8번 구리물을 부어넣는 작업 끝에 높이 5장 3척 5촌의 노사나대불상의 주조 작업이 끝났다.

노사나대불은 금빛으로 빛나는 불상이었으므로 도금할 황금이 필요하였다. 쇼무천황은 노사나대불을 도금할 황금은 외국에서 수입할 생각을 가지고 있었다. 그러나 백제왕 경복은 휘하의 용감한 병사들과 백제계 기술자를 데리고 무츠국에서 황금 광산을 개발하고자 하였다. 쇼무천황은 그를 743년 6월 무츠노카미로 임명하였고 경복은 금광을 찾아내는 데 성공하였다. 그 후 카즈사노카미[上總守]로 임명되어 카즈사국[上總國]에서 채금 기술자 장부대마려(丈部大麻呂)를 찾아낸 된 경복은 746년 9월 무츠국 오다군[小田郡]에서 사금을 발견하여 황금 900량을 바쳐 도다이지 노사나불 조성에 크게 기여하였다.

간무천황의 모계와 백제왕씨

백제왕씨는 헤이안(平安) 초기에 오면 간무천황의 치세 하에서 일찍이 없었던 대우를 받았다. 그 배경은 백제왕씨와 간무천황이 가까운 혈연관계가 있었다는 사실이다. 간무천황은 즉위 이전에 야마베친왕[山部親皇]이었다. 어머니는 백제계 출신의 야마토노후히토노니이가사[和史新笠]였다. 야마베친왕은 장자였지만 어머니의 출신 신분이 낮았으므로 적장자의 대우를 받지 못하였다. 그러다가 773년 할아버지 고닌천황(光仁天皇:재위 770~781)이

간무천황의 어머니 다카노니이가사릉

그를 황태자로 삼고 어머니 니이가사에게도 새로 타카노아손(高野朝臣)이라
는 성을 내렸다. 781년 4월에 야마베친왕은 고닌의 양위를 받아 즉위하였
다. 그가 간무천황이다.

　간무는 자신의 어머니가 황족도 아니고 유력한 씨족출신도 아니었지만 어
머니 니이가사를 황태부인으로 부르도록 하고, 외삼촌을 정6위상에서 외종
5위하로 승진시킨 후 783년에는 아손 성을 주고, 784년에는 종5위하 관위
를 주어 귀족 대열에 들어서게 하였다. 이처럼 간무는 외할아버지 집안의 격
을 높이고자 하였다. 이 과정에서 백제 무령왕의 아들 순타태자를 야마토아
손[和朝臣]씨의 조상으로 하였다. 이리하여 야마토아손씨를 백제왕족의 후
손으로 놓는 계보가 만들어졌다. 이 계보가 만들어지자 간무는 매우 기뻐하
였다고 한다.

　간무가 이렇게 외가의 품격을 높이는 작업을 할 때 백제왕씨가 적극 협조

하였다. 이는 야마토아손씨 계보 작성에 백제왕 인정이 참여한 것에서 확인된다. 그래서 간무는 모후가 돌아가자 장례를 마친 후 790년 2월에 "백제왕 등은 짐의 외척이다. 그러므로 한두 사람을 선발하여 위계를 더 올려주겠다"는 조서를 발표하면서 백제왕 현경을 정5위상에서 종4위하로, 백제왕 인정을 종5위상에서 정5위상으로, 백제왕 경인을 정6위상에서 종5위하로 올려주었다.

  그 결과 백제왕씨는 크게 번성할 수 있었다. 이리하여 백제왕씨는 명문집안으로서 조당(朝堂)의 상석을 차지한 다지히[多治比], 후지와라[藤原], 이시가와[石川], 황족 출신인 다치바나씨[橘氏] 등과 어깨를 나란히 하게 되었다. 또 백제왕 선광이 거주하던 백제평(百濟評)은 율령제 하에서 셋츠국 백제군으로 바뀌었으며 백제왕씨는 이곳에서 가장 유력한 세력이 되었다.

백제인들
이역만리 가와치 지역에
새로운 신화를 창조하다

정 재 윤(공주대학교 교수)

고향을 떠나 머나먼 타국 땅에 정착한 이들의 심정은 어떠하였을까. 보다 더 살기 좋은 곳을 찾아 온 이들도 있을 터이고, 피치 못할 사정이 있는 사람, 그리고 어떤 목적을 위해서 비장한 각오로 온 이들도 있었을 것이다. 각양각색의 사람들이 모였지만 이들의 공통점이 있다. 바로 백제에서 건너와서 왜인이 된 사람들이라는 것이며, 우리는 이 때문에 이들을 백제계 도왜인이라 부른다.

1. 백제인들의 터전 가와치

백제인들은 한반도에서 배를 타고 일본열도로 이주하였다. 이들의 이동 흔적이 바닷길의 요로에 많이 발견되고 있는 것도 이와 밀접하게 관련이 있다. 그 중에서도 백제인들이 집중적으로 정착한 곳은 가와치[河內] 지역이었다. 이곳은 명칭에서도 드러나듯이 하천 안에 있는 곳이라는 의미이다. 내해적인 요소가 강조되어 마치 우리의 내포 지역과 비슷한 의미로 이해하면 된다. 바다에서 육지로 가는 요충지이지만 수도인 야마토[大和]와 접하고 있다는 점에서 큰 차이가 있다.

아스카라 불리는 가와치 지역

많은 백제인들이 정착한 가와치 지역은 치카츠아스카[近つ飛鳥]라고 불리는 곳이다. 아스카[飛鳥]라는 말은 우리에게 매우 익숙한 단어이다. 일본에서 처음 발생한 고대문화는 익히 알려졌듯이 아스카 문화라 불린다. 아스카 문화는 7세기 무렵 스이코[推古]천황 때 정치의 중심지 나라 분지 남쪽 아스카 지역에서 발달한 문화로, 불교문화가 중심이다. 백제 성왕은 552년 노리사치계를 일본에 보내 불상과 불경을 전해주었다. 이에 따라 6세기 말 아스카 지역에는 일본 최초의 사찰인 아스카데라[飛鳥寺]가 건립되며, 7세기를 전후로 한 시기에 아스카 지역에 많은 사찰이 건립되었다. 이들 중 대부분이 백제계 사찰인 것은 어쩜 당연한 것이었다. 눈여겨보아야 할 점은 사찰을 지으려면 건축 기술이 필요하며, 불상과 탑 그리고 불화 등은 말할 필요도 없고 예불 드리는 방식 등 전반적인 불교문화에 대한 이해가 선행되어야 한다는 사실이다. 스이코천황 때에는 우리에게 잘 알려진 호류지[法隆寺]를 건립할 정도로 불교문화가 융성해지기 시작하였다. 죠메이[舒明]천황 때에는 백제대사를 지은 후 예불을 드릴 때 백제 의복을 입었으며 백제어로 말을 하였다 하니, 가히 당시 백제 열풍을 짐작 할 수 있다. 이 시기 일본 고대문화를 불교 중심의 문화라 하고, 불교문화를 전래해 준 백제를 빠트릴 수 없는 것은 바로 이러한 이유 때문이다

그런데 백제인들이 정착한 지역이 가까운 아스카라니? 그렇다면 먼 아스카 지역도 있다는 말인가? 실제 그렇다. 토오츠아스카[遠つ飛鳥] 지역도 분

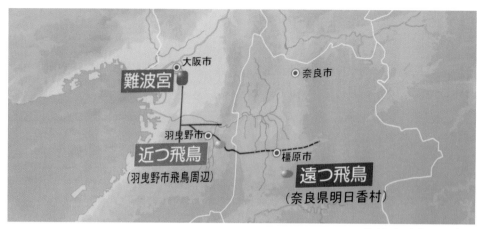

치카츠아스카와 토오츠아스카

명 존재한다. 그러나 이곳은 둘을 구분할 때 편의상 부르며, 일반적으로 아스카하면 토오츠 지역을 지칭한다.

　그렇다면 아스카라는 말은 어디에서 유래하였을까. 이에 대해서는 백제계 도왜인들이 정착한 곳의 지명인 '아스카[安宿:안숙]' 군에서 유래되었다는 나름의 주장이 있다. '안숙'이란 한자의 뜻이 '편하게 머무르다'라는 의미이며, 이 '안숙'이 일본의 '아스카'라는 말로 변했다는 것이다. 한편 '비조'는 '날 새'라는 뜻을 가지고 있기 때문에 '날이 새다'는 의미로도 볼 수 있다. 이를 가지고 이곳의 지명인 '아스카[明日香:명일향]'와 연결시키기도 한다. 즉 '명일'은 다음 말이기 때문에 '날이 샌 다음 날'이다 라는 것이다. 이러한 분석이 흥미롭긴 하지만 어디까지나 추정에 불과하니 더 이상 논의는 힘들다. 하지만 두 지역 사이에 아스카라는 공통의 명칭이 존재한 것은 놓쳐서는 안 된다. 무언가 분명 이유가 있을 것이다. 우리가 차곡차곡 그 꺼풀을 벗겨나가기로 하자.

　공통점 말고 두 지역의 차이, 즉 가깝고 먼 차이의 기준은 오사카만이다. 이에서 치카츠아스카라는 명칭은 오사카만에서 가까운 아스카 지역이라는 말에서 유래되었음을 알 수 있다. 두 지역에서 모두 백제계 도왜인과 관련된 중요한 유적이 발견되고 있는 점은 분명한 공통점이다. 이 현상이 두 지역을 아스카로 묶어주는 가교 역할을 하고 있음을 짐작할 수 있다. 이제 우리는 백제인들이 가와치 지역에서 어떤 역할을 하였을까? 그 현장을 찾아가보기로 하자. 그 현장을 생생하게 설명해 줄 인물로는 단연 곤지를 꼽을 수 있다.

곤지, 그는 누구인가

곤지는 동성왕과 무령왕의 아버지이며, 형인 개로왕의 명령으로 461년 왜(倭)로 파견되었다. 당시 그는 좌현왕(左賢王)의 직책을 맡고 있었다. 좌현왕은 흉노에 보이는 관작으로 병권을 장악하며, 후계자 우선 계승권이 있는 제2인자이다. 이와 같이 유력한 인물인 곤지가 왜에 파견되었던 것은 그가 그만큼 중요한 역할을 부여받았다는 것을 말해준다. 이후 17년 남짓 왜에 머물다가 백제의 위급한 상황을 수습하기 위해 477년 귀국하였다. 하지만 불과 석 달 만에 석연치 않은 죽음을 당했다. 두 달 전에 검은 용이 출현하고 나서 죽은 것을 보면 분명 뭔가 의심이 간다. 용은 임금을 상징하고, 검은 것은 좋지 않음을 상징하기 때문에 당시 직접 표현할 수 없는 부득이 한 상황을 은유적으로 기술한 것이 아닌가 짐작된다. 상상을 거두어도 분명한 사실은 곤지의 귀국 이후 정국이 요동치고 있는 것이다. 뒤이어 문주왕의 시해도 피할 수 없는 권력 투쟁의 과정이었다. 드디어 사람들은 이 혼란된 상황을 종식시켜 줄 강력한 리더십을 가진 인물을 갈구하였다. 그가 바로 곤지의 적자인 동성왕이다. 동성왕은 왕권을 강화하는 소임을 다하였다. 하지만 지나친 면도 있었다. 사람들은 이 틈을 놓치지 않는다. 칼을 쓰는 자, 칼로 망한다는 명언이 있듯이 동성왕 또한 한계를 넘지 못하고 그가 애용한 무력에 의해 무너졌다. 시해당하는 극단적인 방법이 사용된 것이다. 뒤이어 즉위한 왕은 공교롭게도 동성왕의 이복형인 무령왕이었다. 이와 같이 곤지의 후예들이 계

속해서 백제의 왕이 될 수 있었던 요인은 무엇일까? 바로 이들이 가진 권력 기반이 있었기 때문일 것이다. 이제 그 권력 기반의 현장을 찾아가 보자.

곤지가 백제에서 왜로 간 행적을 살펴보면 무령왕 탄생 설화를 통해 큐슈 지역의 가카라시마[各羅嶋]를 거쳤던 것이 확인된다. 최종적으로 그가 정착한 곳은 현재의 오사카 하비키노시[羽曳野市]로, 이곳은 고대 가와치국에 속한 아스카군[安宿郡]이었다. 이 지역을 곤지의 정착지로 보는 결정적 근거는 그를 조상신으로 모시는 아스카베[飛鳥戸]신사가 있기 때문이다. 아스카베 신사는 천황이 제일(祭日)에 맞춰서 일부러 칙사를 파견할 정도였다. 따라서 아스카베 신사를 통하여 볼 때 곤지의 후예들이 가와치 지역에서 상당한 영향력을 행사하였음을 알 수 있다.

곤지가 아스카에 정착한 이유

그렇다면 곤지는 왜 하필이면 치카츠아스카 지역에 정착하였을까. 현상적으로 드러난 가장 확실한 이유는 이곳이 백제계 도왜인들의 밀집 지역이라는 점이다. 이 지역에 왕인의 후예 씨족인 서문(西文)씨와 왕진이(王辰爾) 후예 씨족인 선사(船史)·진사(津史)·백저사(白猪史)씨 등 백제계 씨족들이 보이는 것이 바로 그것이다. 이들의 흔적은 아스카센즈카[飛鳥千塚]와 신도하이지[新堂廢寺] 등 수많은 백제계 굴식돌방무덤과 사찰을 통해서도 입증된다.

또한 지리적 여건도 고려되었다. 치카츠아스카는 세토[瀬戸] 내해와 야마토를 연결하는 교통의 요충지였다. 즉 이 지역은 야마토 정권의 선진문물을 받아들이는 통로로, 관문에 해당한 곳이다. 백제계 도왜인들이 하필이면 이곳에 집중적으로 정착한 것은 그들의 역량을 발휘할 수 있는 최적지였다는 점과 관련이 있다. 야마토국은 주변을 점차 통일하면서 일본열도를 체계적으로 지배하고자 하였고, 백제의 선진문물과 제도 수용은 시스템을 갖추는 데 매우 유용한 방안이었다. 이때 백제와 야마토국을 매개해주는 역할을 백제계 도왜인들이 하였던 것이다. 야마토국의 관문에 백제인들이 적극 정착하였던 것은 이러한 정치적 분위기와 무관하지 않다. 그러면 백제계 도왜인들은 가와치 지역에서 어떠한 역할을 하였을까. 그들이 남긴 기록과 흔적을 통해서 당시 상황을 엿보기로 하자.

백제계 도왜인, 새로운 신화를 창조하다

가와치 지역은 야마토국에 이르는 관문이지만 오사카만의 호리에[堀江]와 야마토가와는 상습 범람지였다. 상습 범람지에는 뻘이 형성되며 농사를 짓기에 힘든 곳이다. 한마디로 여건이 좋지 않다는 것이다. 만약 이곳이 살기 좋은 곳이었다면 이미 많은 주민들이 정착하였고, 백제인들이 이들을 비집고 설 틈이 없었을 것이다. 불가능을 가능하게 한 백제인들의 신화는 여기에서 시작되었다. 그들만이 가진 역량을 최대한 발휘하여 버려진 땅을 옥토로 만들었던 것이다.

이들은 호리에의 범람을 막기 위해 제방을 축조하며, 사야마이케[狹山池]

와 마무타노츠츠미[茨田堤] 등의 저수지와 제방을 쌓아 상습적으로 농사를 지을 수 있는 여건을 만들었다. 이 공사에는 백제인들이 가진 새로운 토목과 관개 기술이 적용되었다. 이들 지역의 현장에서 볼 수 있는 부엽공법은 지반이 약한 곳을 보강하기 위하여 풀이나 나뭇가지를 활용해 지반에 탄력을 주는 새로운 기법이었다. 백제에서 만든 풍납토성과 김제의 벽골제 등에도 보이기 때문에 백제의 영향이 확인된다. 치수를 하고 경지를 확보한 것에만 그친 것이 아니었다. 이들이 가진 선진 농업 기술을 도입하자 생산량이 늘어났다. U자형 가래날, 삽, 괭이 등 우수한 철제농기구는 작업량의 향상을 가져왔다. 건전에서 수전으로의 농법 전환도 생산량의 향상을 가져왔다. 백제인들이 이주한 시기에 이 지역의 생산력이 다른 지역에 비해 3배나 늘어난 것은 놀라운 결과였다. 일본에서도 농업혁명의 시기라고 부를 정도로 가히 기적이 일어난 것이다.

　이처럼 자원과 물자가 풍부한 일본열도를 체계적으로 개발할 수 있는 선진기술과 인력이 필요하자, 많은 백제인들이 야마토국의 관문인 가와치 지역에 이주하여 자신들의 새로운 삶을 개척한 것이다. 가와치 지역이 백제인들에 의해 살기 좋은 것으로 변화되자 사람들이 많아지는 것은 자연스런 현상이었다. 이들에 의해 개발된 가와치 평야의 생산량은 더욱 많아졌다. 우리가 눈여겨 볼 점은 바로 물적·인적 자원의 증대이다. 생산량이 많아지는 것은 국가의 세금 증대와 연결되고, 경제력의 우월로 직결된다. 또한 인적 자원의 증대 또한 유사시에 군사력으로 연결되어 다른 지역과의 경쟁에서 우위를 점할 수 있다. 이와 같이 야마토국의 입구인 가와치 지역의 개발은 야마토 왕조가 일본열도를 통일할 수 있는 힘의 원천이 된 것이다. 일본 고대의 성씨 분포도를 기록한 『신찬성씨록(新撰姓氏錄)』에 의하면 가와치 지역의 68씨족 중 48씨족이 한반도 도왜인 출신이어서 대략 70%에 해당하여 당시 백제인들이 얼마나 많이 가와치 지역에 이주하였는가를 엿볼 수 있다.

　곤지가 하필이면 가와치 지역에 정착한 이유도 점점 명확해진다. 곤지는 이들 백제계 도왜인들의 밀집 지역에 정착하여, 도왜인들의 구심적 역할을 하고 정치적 역량을 강화시키고자 한 것이다. 그리고 이는 곤지가 먼저 시도한 것은 아니었다. 곤지에 앞서서도 백제의 유력한 인물들이 이곳에 정착하고 있는 것이다.

백제 왕족, 주군의 가와치 지역 정착

　많은 백제계 유적과 유물이 가와치 지역에서 확인되며, 백제계 성씨로 보이는 가계도 많이 보이지만 곤지 이외에 구체적인 인물을 확인하기는 어렵다. 이는 무엇보다도 이들의 활동을 기록한 자료가 없기 때문일 것이다. 설혹 보인다 하여도 일본 중심의 천하관에서 쓰여진 기록이므로 섣불리 인용하기가 주저된다. 조금 보이는 기록조차도 왜가 백제를 지배한다는 입장에서 써진 글이기 때문에 함부로 인용할 수 없는 것이다. 그렇다고 이를 무시하고 우리가 필요한 것만 취할 수는 없다. 개별 기사는 『일본서기』의 전체적인 구조 속에서 배치되었기 때문에 그 의도를 이해해야만 원래의 사실에 접근할 수 있을 것이다.

이러한 면에서 주군(酒君)이라는 인물도 신중하게 접근해야 한다. 원래 『일본서기』에는 백제 왕족인 주군이 무례하여 사죄하러 일본에 보낸 것으로 되어 있다. 그러나 당시 백제가 일본에 복속하였다는 서술은 일고의 가치가 없는 왜곡이다. 그렇다고 해서 백제 왕족이 일본열도를 지배하였다는 것도 지나칠 수 있다. 어디까지가 사실일까 신중하게 접근해야 하는 것이다.

주군의 무덤으로 비정되는 오사카시 히가시스미요시구 다카아이 지역의 주군총공원

이와 같이 백제와 왜의 정치적 입장을 배제하면, 주군이 일본열도로 갔다는 점은 분명한 사실로 인정할 수 있다. 그가 일본열도로 간 것에는 여러 요인이 복합적으로 작용하였겠지만 천황에 대한 사죄 때문이라는 이유를 제외하면 구체적으로 추정할 수 있는 근거는 없다. 그럼에도 불구하고 곤지의 경우를 참조하면 곤지와 유사한 이유 때문이 아닌가 하는 점 정도는 추정할 수 있겠다.

흥미로운 점은 그가 정착한 곳을 추정할 수 있는 단서가 있다는 사실이다. 그는 일본으로 와서 이시카와노니시고리노오비토코로시[石川錦織首許呂斯]

의 집에 정착하였다. 그런데 그가 정착한 집은 '석천[石川]' 즉 '이시가와'이라는 씨명에서 암시하듯이 가와치 이시가와 지역으로 추정된다. 이시가와군[石川郡]은 오늘날의 오사카 미나미가와치군[南河內郡]과 하비키노시[羽曳野市]의 일부, 돈다바야시시[富田林市]의 동부 지역에 해당하며, 야마토가와의 지류인 이시가와를 배경으로 형성된 곳이다. 흥미로운 점은 이시가와씨는 백제계 인물로 추정되는 소가씨[蘇我氏] 일족 혹은 이시가와군을 본거지로 하는 백제계 씨족으로 본다는 점이다. 어쨌든 백제와 관련이 있는 인물임은 분명한 것이다.

그가 정착한 시기는 정확히 알 수 없다. 이를 전하고 있는 닌토쿠[仁德]천황 때는 5세기 초반으로 추정된다. 이는 당시 정황을 이해하면 납득된다. 4세기 후반 백제는 고구려의 항쟁이 치열해지면서 왜를 자신의 우호 세력으로 삼기 위해 노력하였다. 〈광개토왕릉비〉에 400년 신라를 구원하여 왜구를 격퇴시킨 사실, 404년 백제와 왜병이 대방 지역을 함께 공격한 사실이 기록된 점을 고려하면 이 무렵 백제와 왜의 군사적 협력이 있음을 알 수 있다. 그런데 광개토왕은 396년 백제 아신왕을 굴복시켰다. 이듬 해에 태자인 전지왕이 왜에 파견된 것은 그만큼 왜를 끌어 들이려는 백제의 절심함을 반영한 것이라 할 수 있다. 이러한 면에서 백제계 도왜인들의 조상인 주군이 이 무렵 이시가와 지역에 정착하였을 가능성이 크다 하겠다. 이후 백제계 인물의 도왜(渡倭)가 빈번해지기 때문에 이는 뒷받침된다.

지지원은 공녀인가, 귀족부인인가

지지원(池津媛)은 『일본서기』에 의하면 백제가 천황에게 바쳐진 여인으로 묘사되었다. 이를 일본 연구자들은 채녀(采女)라 하여 일종의 백제에서 바친 공녀로 보고 있다. 이 자료 또한 백제는 일본의 복속국이라는 전제를 둔 관점에서 윤색된 것임을 보여준다. 그러나 자료를 자세히 살펴보면 모순점이 발견된다. 천황이 침전에 들려고 한 것을 어기고 이시카와노타테[石川楯]와 정을 통하였다고 하나, 이미 이 둘은 부부로 기술되어 있기 때문에 부부임을 보여준다. 천황과 지진원, 이시카와노타테의 관계는 확실하지 않으나 지진원을 채녀로 보낸 사실 만을 제거하면 백제에서 지진원을 보냈고, 지진원은 이시카와노타테과 부부 관계를 맺었다는 것은 분명한 사실이다. 따라서 우리는 지진원과 관계를 맺은 이시카와노타테에 주목해야 한다. 백제 귀족 부인인 지지원이 이시카와노타테과 관계를 맺은 것에서 그가 당시 왜의 실력자였던 것임을 자연스럽게 추정할 수 있다.

아울러 지진원이 정착한 곳은 이시카와노타테의 성인 '석천(石川)'에서 가와치 지역임을 자연스럽게 유추할 수 있다. 그 시기도 곤지가 파견되기 직전인 5세기 후반이다. 이처럼 곤지에 앞서 간 인물들 모두 4~5세기 경 가와치 지역에 정착하고 있는 것이 확인되고 있는 것이다. 이와 같이 백제는 처음 왕족을 파견하고, 다음으로 귀족 부인을 보내 백제인들을 규합시키려 하였다. 그럼에도 불구하고 고구려의 압박이 더욱 거세지자 이제 백제는 전지왕처럼 제2인자인 곤지를 보내 왜와의 군사적 협력 관계를 강화시킨 것이다.

백제계 도왜인, 일본 씨사의 기초를 다지다

백제는 왜에 불교를 전래해주었고, 6세기 후반에는 일본 내 최초의 사찰인 아스카데라를 아스카 지역에 건립하는데 큰 도움을 주었다. 그런데 전파된 문화가 모두 똑같은 것은 아니다. 비록 백제에서 전래되었지만 왜의 불교는 백제와 조금 다르다. 초기의 절은 대부분 씨족이 세운 절이 많으며, 그래 우리는 이를 씨사(氏寺)라고 부른다. 이것이 가장 큰 차이점이다. 불교의 전래로 아스카 지역은 일본 최초로 고대문화를 형성하게 되었으며, 이를 보면 백제계 도왜인의 역할이 지대하였음을 알 수 있다. 이 지역의 많은 사찰들은 터만 남아 있고 누가 언제 만들어 운영하였는지 구체적인 기록은 없다. 그럼

선사씨가 창건한 야츄지 전경

서문씨가 창건한 사이린지 전경

에도 불구하고 백제계 도왜인이 세운 절이 일부 남아있는 것은 다행이라 할 수 있다. 먼저 하비키노시에는 백제계 도왜인인 선사(船史)씨가 창건한 야츄지[野中寺]라는 절이 있다. 선사씨의 시조는 유명한 학자인 왕진이(王辰爾)라 전한다. 그는 553년 선박의 세금을 징수하는 선사(船史)로 임명되어, 이 성씨의 기원이 되었다. 이들이 재정·문필·외교에서 활약하는 것도 이와 관련이 있다. 야츄지는 야마토에 이르는 주요 도로인 다지히미치[丹比道]에 있는 절로, 고대 교통로의 요지에 세워졌음을 보여준다. 다음으로 왕인 박사를 시조로 하는 서문(西文)씨의 씨사인 사이린지[西林寺]도 있다. 사이린지 또한 주요 교통로인 히가시코야카이도[東高野街道]와 다케우치카이도[竹內街道]가 교차하는 지점에 위치한다. 갈정(葛井)씨의 씨사인 후지이데라[藤井寺]도 야마토가와와 이시가와가 합류한 지점에 위치하며, 히가시코야카이도가 통하는 교통의 요지이다. 이 사찰은 백저사(白猪史)라는 씨성을 하사받은 담진(膽津)이라는 인물로부터 비롯되었다. 이와 같이 가와치 지역에 정착한 선사·백저사·서문씨는 각기 씨사를 중심으로 활동을 하였음을 보여준다.

2. 가와치 지역에 보이는 백제인들의 흔적

수많은 백제인들은 풍운의 뜻을 품고 현해탄을 건너 가와치 지역에 정착하였다. 낯선 이국 땅에서 둥지를 트는데, 얼마나 힘이 들었을까. 아마 우리가 상상할 수 없을 정도로 어려움도 있었을 것이다. 그럼에도 불구하고 우리는 이들이 일본열도에서 매우 지대한 역할을 하였음을 알 수 있었다. 그들중 대부분은 흔적도 없이 역사 속으로 스러졌지만 다행히도 그 흔적을 알 수 있는 자료도 드물게 남아 있다. 이제 우리는 백제계 도왜인들의 흔적을 찾아 잠시 수천 년의 여행을 떠나보자.

시토미야키타 유적에서 발견된 말 유구(치카츠아스카 박물관 소장)

가메이 유적 현장 발굴 사진

최고의 찬사 메이드 인 구다라, 백제계 도왜인의 생산 유적

백제인들의 기술과 그들이 생산한 제품은 일본열도 내에서 열풍을 불러 일으켰다. '구다라 나이'는 '백제 것이 아니다'라는 말로, 별 볼일 없다는 뜻 이다. 백제의 물건이 아니면 그저 그렇다 라는 말이다. 이만큼 백제의 제품 을 높이 평가한 단적인 예는 없을 것이다. 오늘날의 한류 광풍이 무색할 정 도이다.

대륙의 말이 섬의 초원을 가로지르다, 시토미야키타 유적

시토미야키타[蔀屋北] 유적은 가와치 지역 북쪽에 있는 시죠나와테시[四 條畷市]에 있다. 이 지역은 서쪽이 호수, 동쪽이 이코마[生駒] 산맥으로 둘러 싸인 곳으로, 이 사이에 말을 풀어 놓으면 방목하여 기를 수 있는 천혜의 요 지였다. 이곳에서는 한반도와의 관계를 강하게 보여주는 한식계 토기나 영 산강 유역에서 보이는 흙으로 만든 U자형 부뚜막이 나오고 있어, 이 유적이 백제와 관련이 있음을 나타내주고 있다. 실제 백제에서 보낸 아직기가 처음 말을 기르는 일을 하였던 것을 볼 때 왜는 유학 못지않게 말도 매우 중시하 였음을 알 수 있다. 즉 말은 전쟁에서 기동력과 화력을 갖춘 필수적인 중화 기병단의 물자였기 때문에 말의 양성은 국가의 중요한 시책이었을 것으로 짐작된다. 말과 관련된 기마문화를 백제에서 전래해준 것은 야마토 지역의 부상과도 직결된다 할 수 있다.

백제의 신기술 부엽공법이 선보인 가메이 유적

가메이[龜井] 유적은 가와치 지역의 야오시[八尾市]에 위치한 제방 유적이 다. 예전의 가와치호 남쪽 약 3km정도 저지대에 있으며, 오사카만으로 통 하는 곳이다. 수해가 잦은 지역이기 때문에 수전을 지키기 위해 축조한 것이 며, 백제 토목기술인 부엽공법으로 축조되었다. 때문에 백제인들의 기술이 도입된 것은 이를 축조한 집단이 백제계 도왜인이였음을 알려준다. 이 유적과 인접한 시로야마[城山] 고분에서 백제토기가 다수 출토된 것은 이를 확인시켜준다.

산의 물을 막아 대지의 물을 적시다, 사야마이케 유적

사야마이케[狹山池]는 오사카 남동부의 사야마시에 위치한다. 처음 만들어진 시기는 616년으로 알려졌으며, 731년 백제계 도왜인인 일본 최초의 큰 스님 행기(行基)가 731년 개수한 것을 비롯하여 수차례 개축되었다. 8세기, 14~15세기 등 우리나라에서 제방을 대대적으로 개수한 비슷한 시기에 일본에서도 개축하고 있는 점이 관전 포인트이다. 또한 시대를 내려올수록 점점 규모가 커지고 있는 점도 눈여겨보아야 한다. 현재 남아있는 사야마이케는 초기 단계의 저수지가 아니라는 점이다. 당시에는 제방을 쌓기 어려워 자연스럽게 계곡 사이를 막아 인력의 절감과 기술상의 어려움을 극복하였다. 무엇보다도 이 제방을 축조할 때 백제의 부엽공법이 도입되었다는 것은 이를 주도한 인물이 백제계 도왜인이였음을 말해준다. 부엽공법은 김제의 벽골제와 유사하기 때문에 사야마이케는 벽골제와 더불어 국경을 넘어 공동으로 세계유산 등재를 추진하고 있다. 이 저수지의 관개농법으로 오사카 평야지대까지 심지어는 시텐노지[四天王寺] 부근까지 물이 제공되었다니, 백제의 토목기술이 오사카 일대를 옥토로 만든 일등 공신임을 현장에서 느낄 수 있다.

사야마이케에서 공급되는 수로 모형도

백제 제철 기술의 현장, 오가타 유적

오가타[大縣] 유적은 기나이 지역 최초의 백제계 굴식돌방무덤이 있는 다카이다야마[高井田山] 고분의 서쪽에 위치한다. 제철은 농기구와 무기류의 대량 생산이 가능한 기술 혁신이었다. 원래 가야 지역에서 양질의 철이 생산되었지만 이후 일본열도에서도 이 기술을 전수받아 철을 생산하기 시작하였다. 이러한 면에서 기나이 지역인 오가타 유적에서 대규모 제철 유적이 발견되었다는 점은 주목할 만하다. 그런데 오가타 유적에 인접한 수혈주거지

오가타 유적 출토 한식계 토기와 야철(가시와라 시립 역사자료관 소장)

에서 한반도산 회청색 경질토기와 연질 시루가 출토되었다. 시루 형태도 한반도 서남부 지역과 유사하여, 이 지역은 백제계 도왜인 야철 기술자 집단이 정착한 것으로 보인다. 소형의 미니어처 제작도 이곳이 백제와 관련이 있음을 보다 분명하게 보여준다. 유물로 연대 측정을 할 경우 5세기 말에서 6세기 초로 보이기 때문에 이 유적이 다카이다야마 고분을 축조한 집단과 관련이 있다고 보아도 무방하다.

흥미로운 사실은 오가타 유적을 파괴하고 들어선 도로 유적이 다지히미치[丹比道]로 추정된다는 점이다. 7세기 유구가 파괴되고 도로가 건설되었기 때문에, 이 도로는 7세기 중반 건설된 다지히미치로 볼 수 있는 것이다. 이처럼 백제계 도왜인들은 국가의 중요한 기술을 혁신하여 생산물의 증대를 가져왔으며, 교통로를 장악하여 물자를 통제하는 등 매우 활발하게 활동하였다.

백제인들의 무덤과 유물이 일본열도에 있는 까닭

일본열도는 4세기 이후 고훈시대라고 불리며, 이 시기 대표 무덤으로는 전방후원분을 꼽을 수 있다. 반면에 백제는 굴식돌방무덤이란 무덤이 유행하였다. 그런데 기나이 지역에 이러한 백제 중앙의 무덤이 등장하고 있는 것이다. 무덤뿐만 아니라 무덤 속에 부장된 유물에서도 백제의 색깔이 완연하게 보인다. 이러한 사실은 무엇을 말해주는 것일까. 바로 백제인들이 이곳에 정착하였기 때문에 백제 무덤을 쓴 것을 말해주는 것이 아닐까.

기나이 지역 최초 백제계 굴식돌방무덤, 다카이다야마 고분

다카이다야마[高井田山] 고분은 야마토가와와 이시가와가 합류하는 교통의 요지에 위치하며, 현재의 가시와라시[柏原市]에 해당한다. 구릉 위에 위치하며, 기나이 지역 최초의 백제계 무덤이라는 점이 주목된다. 특히 이 무덤의 위치는 야마토가와를 전망할 수 있는 최적의 위치라는 점에서 위계가

다카이다야마 전경 및 이시카와

가장 높으며, 따라서 이 지역 일대의 교통로를 관할한 인물과 관련이 있지 않나 생각된다. 실제 스이코천황 21년(613)에 건설된 다케우치카이도[竹內街道]가 야마토가와를 관할하는 정치적 의미가 있다는 점과 연결된다.

무덤은 2기가 있으며, 동쪽의 무덤은 금제이식과 청동다리미 등이 출토된 것으로 보아 여성으로 보인다. 이와 같은 부부 합장묘는 일본에서 볼 수 없는 형식이다. 또한 금층의 유리옥은 이중의 유리옥 사이에 금박을 끼워 넣은 것으로 한반도에서 유래한 것이다. 청동제 다리미 역시 무령왕릉 출토품과 판박이처럼 유사하다. 관정을 사용한 목관도 당시 일본열도에서는 찾아볼 수 없는 구조로, 백제 목관의 영향을 직접적으로 받은 것을 나타내준다. 이처럼 다카이다야마 고분은 무덤의 형식뿐만 아니라 유물도 백제 계통의 것이 많아 당대에 백제에서 이주한 인물로 볼 수 있는 것이다.

건립된 시기는 일반적으로 5세기 후반으로 보나 학자에 따라 6세기 초반까지 보기도 한다. 특히 이 무덤을 곤지의 자식 중 하나로 견해도 있을 정도로, 이 무덤은 백제와 왜가 교류한 흔적을 가장 잘 드러내주는 유적이다. 무엇보다도 백제계 도왜인의 구심점 역할을 한 인물일 가능성이 크며, 이 때문에 가장 좋은 교통로의 교차 지점에 묻힌 것으로 생각된다. 그렇다면 현재 곤지의 신사가 있는 지역보다 실제 곤지가 활동한 지역은 달랐을 가능성이 크다고 생각된다.

낯익은 유물이 보이네, 이치스카 고분군

이치스카[一須賀] 고분군은 미나미가와치군에 위치하며, 서쪽으로 이시가와가 흐르고 뒤편으로 후루이치[高市] 고분군이 멀리 조망된다. 치카츠아스카[近つ飛鳥]박물관이 건립될 정도로 일본 긴키[近畿] 지역의 대표적인 고분이다. 박물관에서는 이곳에서 출토된 유물을 전시하고 있고, 박물관 능선 위로 올라가면 200여 기가 넘는 고분을 만날 수 있다. 이 중 40여 기는 직접 볼 수 있으며, 실제 무덤에 들어가 보면 완연한 백제계 굴식돌방무덤임을 알 수 있다.

여기에서 출토된 유물 또한 백제에서 볼 수 있는 축소 모형의 취사도구로 낯이 익다. 이는 백제의 매장 의례가 도입된 흔적이라 할 수 있다. 용봉문환두대도도 무령왕릉 출토품과 거의 유사하다. 금동신발과 뒤꽂이 등의 유물에서도 백제인들이 정취를 느낄 수 있어, 이 고분군이 백제계 도왜인들에 의해 축조되었음을 알 수 있다.

무덤이 축조된 시기는 6세기 전반부터이며, 6세기 후반 절정에 이르다가 7세기 중엽에 쇠퇴한 것으로 본다. 능선을 따라 만들어졌기 때문에 일족의 무덤으로 보는 것이 타당하다. 특이한 양상은 무덤의 부장품으로 무기가 거의 보이지 않는다는 점이다. 이에 주목되는 씨족은 금부(錦部)씨이다. 성씨의 명칭에서 볼 수 있듯이 금부씨는 직조 관련 씨족임을 쉽게 알 수 있다. 이는 백제에서 진모진(眞毛津) 등 의복 관련 씨족이 정착한 것에서 확인된다. 또한 이들이 거주한 지역이 금부군이라는 점은 결정적 근거가 될 수 있다. 이역만리 땅에서 이름도 없이 묻힌 백제계 도왜인의 실체를 확인할 수 있는 것이다.

무령왕릉과 이치스카 고분 출토 용봉문둥근고리칼

백제에서도 볼 수 없는 백제인들의 무덤군, 아스카센즈카

아스카센즈카[飛鳥千塚] 유적이 위치한 하비키노시 일대에는 백제계 씨족들이 집중 거주한 곳이다. 특히 야마토로 이르는 다케우치카이도[竹內街道]가 시를 동서로 관통하고 있어 교통의 요지였음을 알 수 있다. 이 유적은 하치부세[鉢伏]산에서 파생된 능선으로 이어지는 구릉 위에 분포하며 현재 130여 기 정도가 남아 있다.

무덤은 앞트기식 돌덧널무덤으로 백제 사비시대 후기에 축조된 것으로 보인다. 이 중 간논즈카[觀音塚] 고분이 가장 유명하며, 석곽 구조는 백제로부터 영향을 받았다. 이 고분군은 곤지의 후예인 아스카베 씨족의 분묘로 추정되고 있다.

백제계 도왜인들의 구심점, 아스카베 신사

아스카베[飛鳥戶] 신사는 백제의 좌현왕이었던 곤지를 모시는 곳이다. 주

아스카센즈카 전경

변에는 아스카센즈카라 불리는 고분군이 산재하며, 현재 200~300여 기의 무덤이 남아 있다. 고분군은 6세기부터 축조되나 뒤편 능선 위에는 간논즈카 고분이 있어 7세기 말기까지 유지되었음을 알 수 있다. 이곳은 야마토에 이르는 주요 도로였던 다지히미치[丹比道]가 지나고 있고, 주변에는 야츄지 [野中寺]라는 백제계 도왜씨족인 선사씨가 창건한 절이 있다. 주요 도로에 절이 위치한 것은 일본 고대국가 완성기의 일반적인 현상이다. 이 길에 모리 모토[杜本] 신사와 아스카베 신사가 있다. 모리모토 신사는 이시가와에서 갈라진 아스카가와의 주변에 있어 산 아래 자리잡은 아스카베 신사보다 상대적으로 번성하였다. 아스카베 신사는 에도시대에 지어졌다고 하나 많이 쇠락한 모습이다. 하지만 헤이안 시대에는 천황 제사의 기일에 맞추어 칙사를 파견할 정도였다니 그 위세가 대단하였음을 알 수 있다. 아마도 백제계 도왜인들의 역할이 축소되면서 아스카베 신사 또한 위상도 낮아졌다고 생각한다. 그러한 면에서 본다면 아마 아스카베 신사는 현재보다 오히려 이시가와에 가까운 지역, 다시 말하면 아스카가와 주변이었을 가능성이 크다고 생각한다. 이를 통해서 우리는 백제계 도왜인들의 주요 활동지가 이시가와와 야

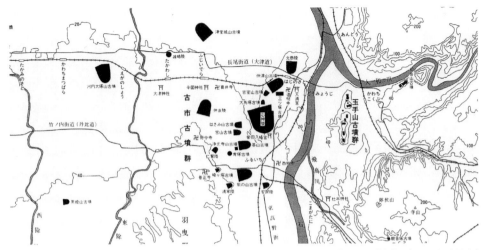

가와치 아스카 주요 유적(출처 : 門脇禎二·水野正好, 1989, 『古代を考える−河內飛鳥』)

마토가와의 교차하는 교통로의 중심에 있었음을 알 수 있다.

백제계 사찰의 전형을 보여주는 신도하이지

신도하이지[新堂廢寺]는 가와치 남쪽의 중심 지역인 돈다바야시시에 있다. 이곳은 백제촌, 하백제 등의 지명이 남아있을 정도로 백제와 활발히 교류하였던 지역이다. 신도하이지는 7세기 전반에 창건된 가장 오래된 사찰 중의 하나이다. 발굴 결과 사찰의 초기 형태는 중문-탑-금당-강당이 일직선으로 연결된 일탑 일금당 양식으로 판명되었다. 이 구조는 정림사지에서 볼 수 있는 전형적인 백제 양식으로 주목받고 있다. 불교는 고대 집권 국가체제의 완성에 필요한 핵심적인 문물로, 이를 전파한 흔적을 구체적으로 확인할 수 있는 것이다. 다만 이후 서방, 동방 건물이 새로 건립되어 최종 형태가 다르다는 점도 고려해야 한다. 백제문화를 받아들이되 이를 변용하고 있는 모습도 살필 수 있는 것이다. 특별히 이 절터에서 발견된 연화문 와당은 완연한 백제식 기와의 자태를 드러내어 그 의미가 남다르다 할 수 있다.

3. 백제와 왜, 떼려야 뗄 수 없는 관계
- 곤지 파견의 목적

백제와 왜는 냉혹한 국제관계의 현실 속에서 유례가 없을 정도로 일관되게 우호적인 관계를 유지하였다. 이는 무엇보다 두 나라가 서로를 필요로 하였기 때문임은 분명하다. 백제는 왜의 물적·인적 자원의 지원, 왜는 백제의 선진문물과 제도가 필요하였기 때문에 서로에게 윈윈 전략이 될 수 있는 이상적인 관계였다. 그렇다면 이러한 우호 관계가 유지될 수 있었던 요인이 무엇인가를 백제계 도왜인, 그중에서도 가와치 지역과의 관련 속에서 살펴보기로 하자.

야마토로 집중되는 권력과 곤지의 가와치 정착

백제에서 건너가 가와치 지역에 정착한 곤지의 후예들은 당시 백제와 왜의 관계를 극명하게 보여주는 매우 중요한 단서를 제공하고 있다. 곤지에 앞서 많은 백제인들이 일본열도에 정착하였고, 이들의 능력에 감탄한 야마토국은 백제계 도왜인들을 활용할 수 있는 방법을 찾고자 하였다. 백제 또한 이들을 세력화하여 본국에 도움을 준다면 마다할 이유가 없었다. 점점 압박하는 고구려에 대응하기 위해서 백제는 좌현왕이었던 곤지를 아예 일본열도로 이주시킨 큰 모험을 감행하였다. 그가 부인과 자식을 대동하고 백제를 출발한 것은 일시적인 체류가 아닌 정착을 목적으로 하였음을 보여준다. 그것이 도왜인의 세력화와 관련이 있음은 명확하다. 그런데 곤지는 곧바로 야마토국으로 이른 것이 아니었다. 츠쿠시[筑紫]에서 일정 정도 머물다 가와치 지역에 최종 정착하였다. 아마 츠쿠시의 동향도 살펴보려는 의도도 있었을 것이다. 그리고 나서 야마토의 관문인 가와치 지역에 정착한 것은 아마 야마토로 집중되는 권력의 흐름을 인식하고, 그가 할 수 있는 최선의 일, 즉 백제계 도왜인을 규합하려고 하였던 것으로 생각된다.

그가 파견된 당시의 모습을 전하고 있는 『일본서기』에 야마토를 '대왜(大倭)'라고 표기한 것을 주목하면, 야마토는 여러 왜 세력 중 큰 세력으로 인식되고 있는 것을 보여준다. 그런데 츠쿠시 지역에서는 곤지가 귀국한 이후 6세기 초반 이와이[磐井]의 난이 발생하였다. 이는 야마토 정권이 큐슈 지역을 압박하면서 발생한 정치적 사건이며, 야마토국의 집권력 강화와도 관련이 있다. 이러한 면에서 곤지가 왜 츠쿠시에서 야마토로 향했나 이유를 알 수 있는 것이다.

곤지, 왜와 군사지원체제를 구축하다

곤지가 왜에 파견된 이유로는 군사 청원 혹은 백제 내의 세력 다툼에 의한 정략적 추방을 들기도 한다. 또한 도왜인들의 결속을 통해서 경제기반을 구축하고, 선진문화에 대한 야마토 왕조의 현실적 욕구를 충족시켜 왜 왕권과 정치적 유착관계를 강화시키고자 한 것으로 보기도 한다. 정치적 목적이 하나의 사안에 국한된 것이 아니고 다목적용 성격이 강하기 때문에 이러한 견해들에 공감할 만한 요소가 있다. 하지만 곤지의 역할과 정착 상황을 보면서 정말 가장 큰 목적이 무엇이었을까 하는 점도 알아볼 필요가 있다. 주된 목적이 중심이 되며, 나머지는 부수적으로 뒤따르기 때문이다.

먼저 곤지의 직함인 좌현왕은 고구려와의 전쟁에 대비하기 위하여 만든 체제로, 흉노 등 유목국가에서 볼 수 있다. 이는 독립적인 체제를 유지하다가 유사시에 서로를 구원하는 효율적인 군사제도였다. 따라서 좌현왕인 곤지의 체류 기간이 장기간이고, 도읍지가 아닌 백제계 도왜인들의 밀집 지역에 정착한 사실이 곤지가 파견된 목적을 풀 수 있는 열쇠가 된다. 이를 참작하면 곤지는 백제계 도왜인을 규합시켜 야마토 정권과 협력하면서 유사시에 백제를 구원하는 역할을 한 것이며, 이 때문에 군사권을 쥔 임금이라는 군군(軍君)의 직함을 가졌다고 생각된다. 백제 또한 친백제적인 야마토 왕국으로의 권력 집중은 백제를 지원할 수 있는 효율적인 체계의 작동이며, 백제계 세력들의 정치적 영향력의 확대이기도 하다. 요컨대 곤지의 파견은 백제계 도왜인들을 규합시키고, 야마토국을 지원함으로써 백제에 대한 군사지원 체제를 구축하려는 목적이라 할 수 있다.

백제 유력자 파견의 궁극적 의도, 군사협력체제 가동

곤지의 파견 목적과 역할은 태자의 신분으로 왜에 파견된 전지왕과 비교함으로써 보다 구체적으로 드러난다. 전지왕을 왜에 파견한 것은 당시 백제 아신왕이 고구려 광개토왕에 굴복한 시기이므로, 이에 절치부심한 고민 끝에 나온 특단의 조치였다. 고구려의 남하에 맞서기 위해선 왜국과의 군사 협력체제 구축이 매우 절실했기 때문에 태자를 파견함으로써 이를 구체화하려는 백제 측의 의도를 보여주는 것이다. 이후 주군과 지지원 등의 파견도 일본열도에서 백제의 영향력을 확대하려는 의도임에 분명하다. 하지만 이것이 여의치 않고 다시 전운이 감돌기 시작하자, 백제의 2인자를 보내 군사협력체제를 강화하려는 것이 그 목적이었다 할 수 있다. 곤지는 왜의 물적·인적 자원을 최대한 지원받기 위하여 야마토국에 협조를 해야 하였으며, 그 중심에 백제계 도왜인들이 있었던 것이다. 이러한 군사협력체계의 가동은 성왕의 관산성 전투와 백제 멸망기의 백강 전투에서도 보인다. 한성이 급작스럽게 함락되었기 때문에 실제 가동이 되지 못했지만 곤지가 이룩한 군사협력체제가 후대에 결실을 맺게 된 것이다.

불교 전파의 중심지 가와치, 백제 관련 불교유적

장 인 성(충남대학교 교수)

　일본은 불교 국가라고 해도 과언이 아니다. 일본 국민의 약 40%가 불교를 신봉하고 있기 때문이다. 6세기에 백제로부터 일본에 전래된 불교는 오랫동안 일본인의 삶에 깊이 뿌리내려 일본 문화의 일부가 되었다. 백제로부터 전래된 시기의 일본 불교를 이해하는 것은 그 이후 일본 불교의 전개를 이해하는 데 매우 중요하다. 처음 전래되어 정착되어 가는 과정에서 일본 불교의 특징이 잘 드러나기 때문이다.

　일본 고대에 가와치 지역은 백제계 도왜인의 활동이 돋보였던 곳이다. 이 지역의 백제계 도왜인들은 백제와의 지속적인 교류를 통해 불교를 발전시켰고, 그들이 남긴 불교 유적은 가와치 지역의 찬란했던 불교문화를 들여다볼 수 있는 자료를 제공하고 있다. 가와치 지역에 남겨진 백제계 도왜인의 불교 유적을 통해 초기 일본 불교의 특징과 함께 백제계 도왜인의 불교의 특징도 아울러 이해할 수 있을 것이다. 그러면 백제가 왜국에 불교를 전수해준 이유를 먼저 살펴보도록 하겠다.

1. 백제 성왕이 왜에 불교를 전수한 이유

일본의 불교 수용은 일본 고대의 시대 구분의 획기가 될 정도로 중대한 사건이다. 고훈(古墳)시대에서 아스카[飛鳥]시대로 전환하는 계기를 마련했기 때문이다. 역사에서는 시대의 의미와 특징을 쉽게 이해하기 위해 시대 구분을 한다. 일반적으로 고고학에서는 사용된 도구에 따라 구석기, 신석기, 청동기, 철기시대로 시대 구분을 한다. 우리 학계에서도 이러한 기준에 따라 시기 구분을 하고 있다. 그러나 일본 학계에서는 구석기, 죠몬[繩文], 야요이[彌生], 고훈[古墳]시대로 구분한다. 신석기, 청동기, 철기시대의 구분이 애매하기 때문이다. 특히 청동기와 철기는 한반도에서 거의 함께 전래되었기 때문에 구분하기가 더욱 어렵다. 대략 기원전 5세기에 시작되어 기원후 3세기 중반까지 이어지는 야요이시대는 농경을 시작하여 계급사회가 출현한 시대이다. 3세기 중후반에서 시작되어 6세기까지 이어지는 고훈시대는 전방후원분(前方後圓墳)을 대표로 하는 시대이다. 이 시기는 왜왕이 야마토[大和] 지역에서 전 일본 지역으로 권력기반을 확대해가는 시기이다. 고훈시대 다음은 아스카시대인데, 이 시대에는 왜왕이 아스카 지역에서 권력을 행사하였다. 고훈시대의 전방후원분이 소멸하게 된 원인 가운데 하나가 불교의 전래라고 하기도 한다. 그만큼 불교의 전래가 일본에 끼친 영향이 크다는 것을 의미한다.

왜국의 긴메이천황[欽明天皇:재위 540~570] 때에 백제에서 불교가 전래되었다. 전래된 시기에 대해서는 538년 설과 552년 설이 있으나 모두 왜국의 긴메이시대에 백제의 성왕이 불상과 경전을 전했다는 점은 일치한다. 그러므로 백제 성왕이 왜국에 불교를 전수했다는 사실은 변함이 없는 것이다.

『일본서기』를 보면 백제 성왕이 서부희씨(西部姬氏) 달솔(達率) 노리사치계(怒喇斯致契) 등을 보내 석가불 금동상, 불교에서 쓰이는 깃발모양의 번개

부여 구드래에 세워져 있는 불교전래사은비
(1972년 일본이 백제가 일본에 불교를 전해 준 것을 감사하며 세웠다고 한다.)

(幡蓋), 불경과 그 주석인 논(論) 등을 보냈다고 한다. 그리고 불교가 유교에
비해 우수한 종교임을 강조하였다. 이때 승려를 보내지 않은 점이 주목된다.
불교의 삼보는 불·법·승이다. 불은 불상, 법은 경전, 승은 승려를 가리킨다.
승려가 없다면 불상을 모시고 불교의례를 거행할 수 없게 되며, 경전의 의미
도 이해하기 어렵게 된다. 그러므로 불교의 전파에서는 승려의 역할이 막중
한 것이다. 그런데 백제 성왕은 왜국에 승려를 파견하지 않고 불상, 불구 그
리고 경전만을 보냈다고 한다. 이것은 왜국에서 이미 불교를 어느 정도 이해
하고 있다는 점을 염두에 둔 조치라고 생각된다. 이에 대해서는 후술하겠다.
　석가불 금동상, 번개, 경론을 보낸 백제 성왕의 의도는 무엇이었을까? 성

왕이 보낸 석가불 금동상 등은 백제에서도 최고 수준을 자랑하는 선진문물이었음에 틀림없다. 국가 간에 선물을 주고받는 행위는 외교의 일환이다. 선물을 제공하는 국가는 받는 국가를 의식한다. 이러한 최고 수준의 선진문물을 보낸 이유는 받는 측을 심적으로 경탄하게 하여 보낸 측의 의도대로 움직이게 하는 데 있다고 하겠다. 불교 전수가 단순히 종교적인 열정 때문이 아니라 외교의 수단이기도 하다는 점을 말한다. 성왕이 통치하고 있던 백제는 웅진에서 사비로 수도를 옮기고 웅진시대 동성왕과 무령왕이 다진 국력을 바탕으로 한반도 내에서 확장을 도모하였다. 성왕은 왜국을 백제의 우군으로 만들어 후방을 안정시킬 필요가 있었던 것이다. 이러한 의도는 성공했다. 왜국은 군대를 파견해 백제의 관산성 전투에도 참가했기 때문이다.

2. 불교가 왜국 사회에 준 충격

불교의 전래는 왜국에 커다란 충격이었다. 불상과 경전을 본 긴메이는 불상에 예배를 해야 할지를 스스로 정하지 못하고 여러 신하들에게 물었다. 이때 소가노이나메[蘇我稻目]는 서방의 여러 나라들이 모두 불상에 예배하고 있으므로 왜국도 받아들여야만 한다고 주장했다. 이에 반해 모노노베노오코시[物部尾輿]와 나카토미노카마코[中臣鎌子]는 왜왕이 번신(蕃神:외국의 신)을 예배하면 국신(國神:왜국의 전통의 신)의 노여움을 살 것이라고 하며 반대했다. 킨메이는 주저하며 결론을 내리지 못했다. 권력의 기반이 약했던 왜왕으로서 결단을 내리기가 그만큼 어려웠을 것이다. 그는 다만 불교에 열정적인 소가노이나메에게 개인적으로 불교를 신앙할 수 있도록 하고 불상을 주었다. 이에 소가노이나메는 불상을 모시기 위해 집을 희사하여 불교의 사원으로 하였다. 당시 유력한 호족인 소가씨만이 불교를 수용했다는 점이 흥미룹다.

불교는 수준 높은 문화복합체이다. 건축, 조각, 공예, 회화 등의 예술, 한자로 적혀진 경전을 이해하기 위한 고도의 지식과 이론, 지옥과 천당 등의 내세관 등으로 담고 있기 때문이다. 게다가 승려는 불교의 포교자로서의 역할만을 하는 것이 아니라 당시 최고의 지식인으로 학문, 정치와 외교 분야에서 큰 활약을 펼치기도 하였다. 이런 점을 감안하면 불교의 수용은 일본의 전통적인 사고의 틀과 폐쇄적인 사회구조의 변혁을 의미했다. 변혁에는 진통이 따르기 마련이다.

불교의 전래로 수구적이며 불교를 배척하는 모노노베씨·나카토미씨와 개혁적이며 불교 수용에 적극적인 소가씨는 결국 정치적으로 대립하게 되었다. 이러한 갈등의 와중에도 소가씨는 불교에 대한 믿음을 저버리지 않았다. 백제 위덕왕 13년(584)에 백제에 갔던 왜국인이 미륵석상과 불상을 가져오자 소가노우마코[蘇我馬子]가 그의 집 동쪽에 불전을 만들고 그 불상을 얻어서 모셨다. 그리고 한반도에서 건너온 도왜인을 거느리고 있던 소가노우마코는 한반도계 도왜인 출신인 사마달등(司馬達等)에게 명해 고구려에서 승려생활을 하던 혜편(惠便)을 찾아내 스승으로 삼고 한반도계 도왜인의 딸 3인을 출가시켰다. 소가노우마코는 새롭게 조성된 불전에서 법회를 열기도 하였다. 이 때 사마달등(司馬達等)이 불사리를 얻어 소가노우마코에게 바치니 여러 가지 상서로운 일이 일어났다고 한다. 불상을 안치한 독립된 불전이 처음으로 창건되었고, 성직자로서 승려와 비구니가 탄생했으며, 예배대상으로 불사리가 출현함에 따라 비로소 불교의례인 법회가 가능하게 되었던 것이다. 일본 초기 불교의 성립에 한반도계 도왜인이 중요한 역할을 했음을 알 수 있다. 소가노우마코의 명을 받들어 승려를 구했던 사마달등, 환속승 혜편, 비구니가 된 세 소녀 모두가 한반도계 도왜인 씨족 출신이기 때문이다.

일본 불교 최초의 출가자는 세 명의 소녀였는데, 이들은 후일 백제에 가서

고란사 벽화–세 명의 소녀가 불교를 배우기 위해 백제로 오는 모습이 담겨있다.

정규의 계를 배우고 귀국하여 불교 포교에 중요한 역할을 하였다. 이와 같이 최초의 출가자가 여성인 점은 일본 고대에 여성이 종교적인 면에서 중요한 역할을 했었던 전통의 영향으로 생각된다.

587년 죽을 병에 들은 요우메이천황[用明天皇]은 죽음을 앞두고 불교에 귀의하겠다는 생각을 조정에 있는 여러 신하들에게 내비쳤다. 모노노베노모리야[物部守屋] 등은 국신(國神)을 버리고 다른 신을 섬겨서는 안 된다고 요우메이의 불교 귀의 의사에 반대하였다. 소가노우마코는 요우메이의 뜻을 받들겠다고 하였다. 모노노베노모리야은 조정에서 빠져나와 그의 근거지로 가서 측근의 군대를 모집하였다. 소가노우마코도 모노노베노모리야를 토벌하겠다는 뜻을 밝히고 여러 왕자와 신하들과 함께 군대를 일으켜 결국 모노노베노모리야를 살해하였다. 양측의 군사가 서로 일전 일퇴할 때 소가노우마코는 이번 내전에서 승리하면 사탑을 건립하겠다고 서원했고, 소가노우마코측에 참여했던 쇼토쿠태자[聖德太子]도 사천왕상을 조각하고 전쟁에서 승리하면 사천왕을 위해 사탑을 세우겠다고 서원을 하였다고 한다. 내전에서 승리한 후 서원한 바와 같이 소가노우마코는 아스카데라[飛鳥寺]를, 성덕태자는 시텐노지[四天王寺]를 세웠다. 이런 내전을 겪고 난 후 왜국에서 불교는 크게 번성하게 된다.

불교를 가장 처음 수용한 것은 소가씨였다. 그 후 왕가와 유력 씨족들도 불교를 수용하게 된다. 그러므로 이 당시의 절을 유력 씨족들의 절인 씨사(氏寺)로 부르고 초기 불교를 씨족불교(氏族佛教)로 부르는 것이다. 645년 다이카개신 후 중앙집권체제의 추진에 따라 씨사는 점차 관사(官寺)화되었고, 승려도 국가를 위해 봉사하는 존재가 되었으며, 국가는 승려관련 기구를 두어 그들을 통제하였다. 국가불교가 성립하게 된 것이다.

불교 수용기에 왜국에서는 부처를 번신, 타국의 신 또는 불신(佛神)으로 불렀다. 왜국인들이 보기에 석가는 외국의 신으로 여러 신들 가운데 하나의 신에 불과했던 것이다. 따라서 불교를 신앙하면서 왜국인들은 왜국 전통의 신에게 구한 바와 같이 치병과 장수 등 현세이익과 사자의 공양을 기원했다. 이런 점은 불교가 전통 신앙과 습합된 측면을 반영한다.

3. 일본 최초의 가람 아스카데라
– 일본 초기 불교의 특징

불교수용을 둘러싼 내전이 마무리되자 소가노우마코는 일본 최초의 사원인 아스카데라[飛鳥寺]를 아스카(飛鳥)에 세웠다. 『일본서기』를 보면 백제는 위덕왕 30년(588)에 사신과 함께 혜총, 영근 등 여러 명의 백제승려, 불사리, 사공(寺工), 와박사(瓦博士), 노반박사(露盤博士), 화공(畵工) 등을 사신과 함께 왜에 파견하였다는 기록이 나온다. 왜국이 사원건립을 위해 백제에 기술 지도를 요청하였기 때문이다. 사공은 사원건축의 전반을 담당하는 기술자, 노반박사는 탑 위의 상륜(相輪)을 주조하는 기술자, 와박사는 기와를 제조하는 기술자, 화공은 불화를 그리는 기술자를 말한다. 백제에서 파견된 여러 명의 승려와 각종 기술자 이름이 일일이 구체적으로 기록되어 있는 점은

아스카데라 입구

아스카데라 출토 기와

그들의 역할이 그만큼 중요했다는 점을 드러내고 있는 것은 아닐까 한다. 이 당시 왜국에서는 독자적으로 사원을 건립할 수 있는 능력을 갖고 있지 않았다. 백제에서 파견된 기술자들의 지도로 590년에 사원을 짓는데 필요한 건축자재를 벌채하기 시작하여 593년에 정월에 불사리를 아스카데라 탑의 심초(心礎)에 안치하고 탑의 심주(心柱)를 세웠다. 아스카데라의 탑이 완성된 것으로 보이는 596년에는 고구려 승려 혜자(慧慈)와 백제 승려 혜총(慧聰)에게 아스카데라에서 머물게 하였다. 이 두 승려는 왜국에서 불교를 펴는 데 크게 공을 세워 삼보의 동량(三寶之棟梁)으로 불리었다. 606년에는 백제계 도왜인 계통인 안작조(鞍作鳥)가 제조한 금동석가여래상을 금당에 안치하였는데, 이것이 현재 아스카데라에 있는 석가상이다.

1956년과 57년에 걸친 아스카데라에 대한 발굴조사에서 새로운 사실이 많이 밝혀졌다. 가람은 남문에서 중문을 거쳐 탑과 금당을 일직선상에 배치했는데, 탑의 양측에 동쪽 금당과 서쪽 금당을 두어 1탑 3금당이 회랑으로 둘러싸여 있고, 강당은 회랑의 북측에 있는 구조이다. 백제 기술자의 지도와 감독으로 지어진 아스카데라여서 백제식의 1탑 1금당식의 가람배치를 예상했는데, 그것과는 전혀 다른 결과였다. 이러한 가람배치는 고구려의 영향을 받은 것으로 생각된다. 평양에 있는 고구려의 청암리 불교사원유적지의 가람배치도 1탑 3금당형식이기 때문이다. 595년에 도래한 고구려 승려 혜자가 다음해에 도래한 백제 승려 혜총과 더불어 아스카데라에 있으면서 삼보의 동량이 되었기 때문에 고구려의 영향을 상정하는 것도 가능하다고 본다.

아스카데라에서 발굴된 와당은 백제 와당의 영향을 뚜렷이 보여준다. 아스카데라 와당의 연화문 디자인을 보면 중앙에 위치한 연꽃의 열매가 작고 연꽃의 끝은 베어진 부분이 있는 특징을 보이는데, 이러한 특징은 부여에서 발굴되는 백제 와당의 특징이기도 하다. 아스카데라의 와당은 백제 와박사의 기술 지도를 받아 제조되었음이 확실하다. 처음에 불교 사원 건축에만 사용되었던 기와는 그 사용처가 확대되어 후일 궁전과 관공서 건축물에도 이용되었다. 불교와 함께 전래된 새로운 기술이 일본에 정착된 좋은 실례이다.

아스카데라 탑의 발굴조사 결과 지하 약 3m의 심초석 위에서 비취, 관옥, 금동제의 제품, 마구(馬具) 등 1,750 여점의 유물이 출토되었다. 이러한 유물은 불사리를 봉안하는 의식에 참여한 소가노우마코 등이 묻은 것으로 보인다. 이러한 유물은 6세기 후기의 고분에서 발굴되는 부장품과 그 내용이 유사하다. 이 아스카데라 탑을 발굴하였던 조사원은 심초석 위의 유물을 수습하면서 6세기 후기의 고분을 발굴하는 것과 같은 착각이 들 정도였다고 한다.

일본에서 불교가 수용되면서 탑을 중시한 것은 아스카데라 이전부터였다. 585년에는 소가노우마코가 오오노히사시[大野久]의 북쪽에 탑만을 세우고 법회를 거행하기도 했다. 아스카데라 탑에서 출토된 대량의 부장품을 보면 당시 일본인들이 탑을 가람 가운데서 특별한 시설로 고분의 매장시설처럼 여겼다는 점을 드러내고 있다. 그것은 죽은 조상을 위한 공양을 의미한다. 탑은 원래 석가의 유골인 사리를 모신 시설이기 때문에 죽은 조상을 모신다는 생각과 쉽게 연결된다. 당시 사람들은 우뚝 솟은 탑이 조상의 신령이 내려오는 매개체 역할을 하는 것으로 여겼을 것이다. 아스카데라의 탑의 부장품은 탑을 건립하면서 죽은 조상을 모시고 기원하는 뜻을 잘 반영하고 있다. 고훈(전방후원분)시대의 수장층의 조상신 숭배는 전방후원분에서 씨사(氏寺)의 중심인 탑으로 이동하였던 것이다.

아스카데라의 발굴성과는 아스카데라가 백제가 제공한 첨단기술의 결정체라는 혁신적인 면과 고훈시대의 조상신 신앙을 계승한 전통적인 면을 잘 보여주고 있다.

4. 백제계 도왜인들은 가와치 지역에
어떤 사원을 건립했을까

아스카데라가 조영된 후 일본 전역에 사원을 건립하는 열풍이 불었다. 624년(스이코 32) 일본 전역에 46개의 사원, 816명의 비구, 569명의 비구니가 있었다고 한다. 이처럼 사원이 일본 전역에서 급격하게 증가한 이유는 소가노우마코의 아스카데라와 같이 유력한 씨족이 그 씨족을 상징하는 씨사(氏寺)를 건립했기 때문이다. 아스카시대 절 부근에는 항상 고분이 많이 있어 고분, 절, 씨족은 불가분의 삼각관계에 있었음을 알 수 있다. 이러한 점은 아스카시대의 절의 성격을 잘 드러내고 있다. 가와치에 살고 있던 백제계 도왜인들도 그러한 행렬을 선도한 것으로 보인다. 그들이 건립했던 사원들을 살펴보겠다.

신도하이지

현재 돈다바야시시[富田林市]에 있는 신도하이지는 일찍부터 절터가 있는 지명을 따라 불린 이름이다. 이 절은 중문, 탑, 금당, 강당이 남북으로 일직선상에 있는 백제 전형의 가람배치 형식을 따르고 있다. 그러나 일부 학자들은 오간지[烏含寺]로 부르고 있다. 폐사지 옆에 있는 못의 이름이 오간지이케[オガンジ池]이기 때문이다. 오간지는 오함사의 일본식 발음이다. 발굴된 와당으로 보아 이 절은 아스카시대에 지어졌을 것으로 여겨지며, 백제 오함사의 영향을 받았을 것으로 추정된다. 백제의 오함사는 무왕 16년(615)에 전몰 병사를 위해 세운 절인데, 통일신라시대에 성주사로 개칭되었다. 가와치 남부지역에 백제의 오함사와 똑 같은 이름의 사원을 지은 배경으로는 백제와의 깊은 관계를 들 수 있다. 이곳 오간지가 건립되기 반세기 전에 많은 백제계 도왜인들이 가와치 지역에 분산 거주하였다는 점이 주목된다. 오간

사이린지 탑 심초석

지를 창건하는 데 시주한 것으로 보이는 호족의 고분이 절 유적지의 서북방 300m 떨어진 구릉의 동쪽에 조영되어 있는데, 오카메이시[お龜石] 고분으로 불린다.

사이린지 – 서문씨의 씨사

사이린지는 백제에서 넘어왔다는 왕인의 후손으로 문필, 외교, 군사에 능했던 씨족으로 알려진 서문수(西文首)가 세웠다고 한다. 이 씨족은 소가씨와 강력한 유대관계를 쌓아 세력을 유지하였다고 생각된다. 서문씨는 소가씨 멸망 후에 세력을 잃었으나 임신의 난에서 텐무천황(天武天皇)측에 가담하여 공적을 쌓아 세력을 확대하였다고 한다.

현재 하비키노시[羽曳野市]에 있는 사이린지는 남북으로 통하는 히가시코야카이도[東高野街道]와 동서로 통하는 다케우치카이도[竹內街道]가 교차하는 교통의 요충지에 건립되었다. 사이린지 창건 유래를 말해주는 〈서림사가

야츄지 탑 심초석

람연기(西琳寺伽藍緣起)〉에 의하면, 사이린지는 619년에 세워졌다. 사이린
지의 규모와 가람배치는 정식 발굴조사가 이루어지지 않아 정확히 알 수 없
다. 기와의 분포와 탑 심초석의 위치로 보아 서쪽에 금당이 배치되어 있고
동쪽에 탑을 세운 가람형식을 띠고 있으며 동서 150m 남북 150m의 대규모
의 사찰부지가 조성되었음이 확인되었다. 현재도 불교 사찰로 이용되고 있
는 사이린지에는 탑 심초석이 놓여 있다. 길이 3.2m, 높이 1.5m인 탑 심초
석은 이전에 다른 곳에서 사용되던 것을 본래의 자리로 되돌려 놓은 것이다.

야츄지-선사씨의 씨사

현재 하비키노시[羽曳野市]에 있는 야츄지는 남쪽에 관도(官道)인 다지히
미치[丹比道]가 지나가고 있어 교통이 매우 편한 곳에 위치하고 있음을 알 수
있다. 야츄지의 창건주체와 연대를 알려주는 문헌 사료는 현재 남아있지 않
으나 여러 차례에 걸친 고고학 발굴 조사에 의해 가람 배치 등을 알 수 있게

후지이데라 경내

되었다. 야츄지는 남쪽에서 중문을 들어서면 동쪽에 금당, 서쪽에 탑, 그리고 정면에 금당의 순서로 가람을 배치하고 있다. 동서 3.35m, 남북 2.13m의 거대한 화강암으로 만든 탑 심초석에는 원형의 기둥 구멍이 파여 있는데 그 속에는 옆으로 파놓은 사리공이 있다. 야츄지에서 출토된 기와로 볼 때 야츄지의 창건 연대는 아스카시대의 후기인 7세기 중반으로 여겨진다.

야츄지를 창건한 씨족으로는 왕진이(王辰爾) 후손 씨족인 갈정(葛井)씨, 선(船)씨 등으로 추정되고 있는데, 갈정씨는 씨사로 후지이데라(葛井寺)를 두고 있으므로, 야츄지는 선사씨의 씨사로 여겨진다.

후지이데라

현재 하비키노시에 있는 후지이데라는 현재도 일본의 국보인 천수천안관음(千手千眼觀音)을 본존으로 모시고 예불을 거행하고 있는 절이다. 이 절은 백제 왕족 진손왕(辰孫王)의 후손인 백저사(白猪史:이후에 갈정련(葛井連))가 7세기 중기에 씨사로서 창건한 절로 여겨진다. 백저사는 569년 키비[吉備] 지역에 있는 백저둔창 경영에 성공한 담진(膽津)에게 주어진 성이다. 그 후 백저사씨는 문필과 외교 관계에서 크게 활약하여 720년에 갈정련의 성을 받게 된다. 후지이데라의 가람배치는 남문에서 중문을 거쳐 들어 가면 좌우측에 각기 1개의 탑이 세워져 있고 정면에는 금당이 있으며 금당의 뒤쪽에 강당이 놓여 있는 형식을 취하고 있다.

구다라지

현재 히라카타시[枚方市]에 있는 구다라지는 8세기 중엽에 가와치국[河內國]의 국사(國司)에 임명된 백제왕족의 후예인 백제왕경복(百濟王敬福)이 건립한 절로서 백제왕씨의 씨사이다. 구다라지는 중문을 들어서면 동쪽과 서쪽에 각기 하나의 탑이 있고 그 정면의 북쪽에 금당이 있고 그 뒤쪽에 강당을 배치한 가람이다. 구다라지는 요도가와[淀川]의 하류 유역을 한 눈에 조망할 수 있는 곳에 위치하고 있다. 간무[桓武]·사가[嵯峨]천황이 이곳에 들러 백제왕씨를 우대했는데, 이는 백제왕족이 그의 외척이었기 때문이다.

히라카타시에서는 1960년대에 구다라지 유적지를 역사의 학습장소 겸 시민이 즐길 수 있는 공원으로 조성하였다. 그 결과 현재 구다라지 유적지에는 울창한 숲이 관람객을 환영하고 있다. 2006년에는 일본의 역사공원 100선에도 선정되기도 하였다. 최근에는 전면적인 정비사업에 착수하여 구다라지 유적지를 한일문화교류의 상징으로 자리매김하고 한일우호의 광장으로 활용하고자 하는 계획도 가지고 있다고 한다. 그 계획이 성공하여 한일우호관계가 더욱 증진할 수 있기를 희망한다.

가와치 지역에 남긴 백제계 무덤

김 규 운 (국립부여문화재연구소 전문연구원)

1. 전방후원분 시대의 중심지, 가와치 지역의 고분

일본은 3세기에서 8세기에 이르는 시기를 '고훈[古墳]시대'라고 일컬을 만큼 일본열도 전역에 걸쳐 수도 없이 많은 고분들이 축조된다. 이 가운데에서도 봉분의 앞부분은 방형, 뒷부분은 원형을 띠는, 상공에서 보았을 때 열쇠구멍 모양인 전방후원분이라고 하는 독특한 형태의 고분이 축조된다. 수십m에서 약 480m에 이르기까지 거대한 규모로 축조되는 일본의 가장 상징적인 묘제이다.

5세기 무렵에 이 전방후원분이 가장 크게 축조되는데, 그 중심지역이 바로 가와치 지역으로 후루이치[古市] 고분군과 모즈[百舌鳥] 고분군이라고 하는 두 거대 고분군이 조영된다.

후루이치 고분군은 오사카부 동남부의 후지이데라시[藤井寺市]부터 하비키노시[羽曳野市]에 걸치는 하비키노 구릉의 북변에 형성된 단구상에 위치하고 있는데 야마토가와와 이시가와가 합류하는 지역이다. 오진릉[應神陵]으로 추정되고 있는 곤다고뵤야마[譽田御廟山] 고분을 비롯해 100여기의 고분이 입지하고 있다.

모즈고분군은 오사카만에 접해 있는 오사카부 사카이시[堺市]의 단구에 입지하고 있다. 현재 닌토쿠릉[仁德陵]으로 비정되고 있으며 봉분 길이가 약 486m로 일본열도에서 가장 큰 규모인 다이센[大仙] 고분을 중심으로 46기의 고분이 남아 있다. 이 두 거대 고분군은 4세기 후엽에서 6세기 전엽에 걸쳐 조영되는데 이 시기 일본열도의 중심지가 된다.

이후 중앙지역에서 전방후원분이 사라지는 6세기 후반~7세기에도 가와치 지역에는 주요 고분들이 축조된다. 현재 오사카부 다이시쵸[太子町]에는 비다츠릉[敏達陵], 요우메이릉[用明陵], 스이코릉[推古陵], 고토쿠릉[孝德陵] 등의 왕릉을 비롯해 쇼토쿠태자묘[聖德太子墓] 등의 고분들이 축조되는데 이를 토대로 '왕가의 계곡'이라고도 일컬어지고 있다. 특히 이 지역은 율령시대 '치가츠아스카[近つ飛鳥]'로 인식될 만큼 나라 지역의 야마토아스카[大和飛鳥]와 함께 왕묘와 더불어 주요 고분들이 축조되었다.

이러하듯 가와치 지역은 일본 고분시대의 가장 중심적인 지역 가운데 하나였는데, 이 지역에는 일본 고분뿐만 아니라 백제계고분 혹은 백제로부터 영향을 받은 것으로 보이는 고분들도 축조된다. 이는 단순히 비슷한 고분이 축조되는 것에만 그치는 것이 아니라 일본 고분의 변화에도 상당한 영향을 끼칠 만큼 큰 임팩트가 있었다. 5세기 후반에 도입된 굴식돌방무덤, 7세기 전후에 출현하는 잘 다듬은 석재를 이용하는 절석(切石)고분 등이 그것으로, 주요 예를 들어가면서 그 양상에 대해 살펴보면 다음과 같다.

2. 5세기 후반 백제의 무덤인 굴식돌방무덤이 출현하다

고훈시대 일본의 주된 묘제는 구덩식돌덧널무덤이다. 그러나 5세기 후반 무렵이 되면 중심지인 가와치 지역에서 새로운 묘제인 굴식돌방무덤이 출현하고 이후 중심묘제로 자리 잡게 된다. 물론 한반도와 가까운 규슈[九州] 지역에서 4세기 후반부터 먼저 굴식돌방무덤이 축조되기 시작하나 긴키[近畿] 지역에서는 그와는 전혀 다른 새로운 형태의 굴식돌방무덤이 출현하고, 이 출현배경에 대해서 지금까지 백제로부터의 영향이 강조되어 왔는데, 그 양상을 엿볼 수 있는 대표적인 고분들이 몇 기 확인되고 있다. 이제 그 대표적인 고분들을 살펴보기로 하자.

다카이다야마 고분

백제와의 관계를 상정할 수 있는 고분들 중 가장 중심에 있는 고분이 바로 다카이다야마[高井田山] 고분이다. 이 고분은 오사카부 가시와라시[柏原市] 야마토카와에 바로 인접한 구릉위에 입지하고 있다. 주검이 안치되는 현실의 규모는 길이 3.73m, 너비 2.34m이고, 오른쪽에 치우쳐서 연도(羨道)가 이어져 있으며, 석실의 상부는 유실되어 정확한 원상을 알 수는 없으나 궁륭상(穹窿狀)으로 추정되고 있다.

석실 내에서 출토된 관못을 근거로 2개의 목관을 나란히 안치한 것으로 추정되고, 목관과 그 주위에서 청동거울, 청동다리미, 금제이식, 금층(金層) 유리옥, 철도, 은장도자(銀裝刀子), 갑주(甲冑), 철모, 철촉, 마구를 비롯한 금속유물과 스에키[須惠器]가 출토되었다.

이 유물들은 원래의 위치에서 출토되어 매장주체부의 형태뿐만 아니라 시신의 매장방법, 유물의 부장양상 역시 주목을 받고 있는데, 이러한 점들을 종합하여 보면 이 고분의 주인공은 백제에서 건너온 인물일 가능성이 매우 크다.

먼저 굴식돌방무덤이라는 새로운 형태의 묘제가 출현하는 점이 그 근거이다. 기존에 전혀 축조되지 않았던 묘제가 갑자기 출현하는 것으로 게다가 석실의 평면형태, 천장구조, 현실의 장폭비, 연도 위치 등 형태 역시 백제 한성기의 요소와 거의 유사하다.

시신의 매장방법 역시 백제와 동일하다. 다카이다야마[高井田山] 고분 출현 이전의 구덩식돌덧널무덤의 경우 주검이 외부세계와 완전하게 단절되도록 입구를 만들지 않고, 돌, 흙을 이용해 밀봉을 하지만, 굴식돌방무덤의 경우 현세와의 단절이 아닌 추가장이 가능하도록 입구를 만든다. 그리고 주검과 동일 공간내에 토기 등을 부장하는 것 역시 새로운 요소이다. 또한 관못으로 고정을 하는 목관을 사용하는 점, 그리고 한 돌방무덤내에 2인을 안치하

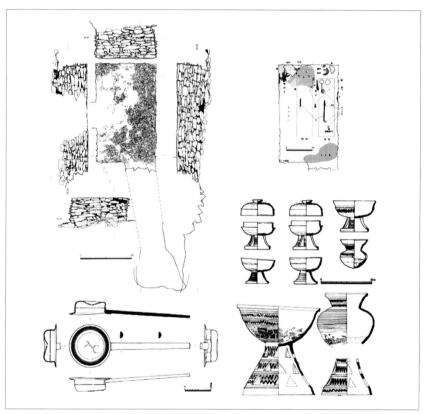

다카이다야마 고분 도면

다카이다야마 고분 전경

복원된 석실

는 점도 기존과는 다르다. 즉, 단순히 무덤의 형태를 모방하는 것에 그치는 것이 아니라 매장관념, 장송의례가 전체적으로 갑자기 바뀌게 되는 것이다.

유물의 경우 청동다리미는 무령왕릉 출토품과 유사하여 역시 백제와의 연관성이 크고, 금박을 입힌 옥에 다시 투명한 유리를 입히는 금층유리옥도 백제 관련유적에서 주로 출토되는 유물이다.

이러한 양상을 전부 종합하여 보았을 때 이 고분의 주인공은 5세기 후반 백제에서 건너간 도왜인으로, 상당히 지위가 높았던 인물로 추정된다. 그리고 이 고분으로부터 영향을 받아 자체적으로 변화한 기나이형[畿內型] 석실이 고훈시대 후기의 주요 묘제로서 축조되게 된다.

이 다카이다야마[高井田山] 고분의 서쪽에는 단야(鍛冶)공방과 관련된 단야로, 송풍관, 철재(鐵滓), 지석(砥石), 한반도계 토기가 출토된 오가타[大縣] 유적이 분포하고 있다. 유적의 중심시기는 6세기를 전후한 시기로 상정되고 있는데, 유적의 성격, 한반도계 토기의 출토, 그리고 유적에 인접하고 있는 히라오야마[平尾山] 고분군에서 이동식 부뚜막을 부장한 고분이 확인되는 것으로 보아, 백제계 도왜인의 역할이 부각되며, 다카이다야마[高井田山] 고분의 축조도 이와 관계가 있을 것이다.

이치스카 고분군

오사카부 미나미가와치군[南河內郡] 다이시쵸[太子町] 하무로[葉室] 및 가난쵸[河南町] 이치스카[一須賀]에 소재하는 미나미가와치[南河內] 지역 최대의 군집분이다. 백제계 고대 산성인 다카야스[高安]산성 아래 부분에 입지하는 다카야스센츠카[高安千塚] 고분군, 그리고 다카이다야마 고분이 속해 있는 히라오야마[平尾山] 고분군과 함께 오사카 지역 3대 군집분 가운데 하나이다.

이 고분군은 나라[奈良]와 오사카의 경계인 가츠라기야마[葛城山]의 서쪽

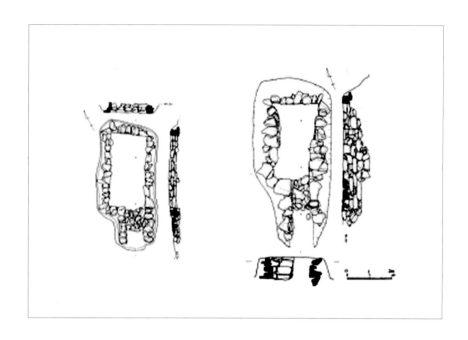

이치스카 고분군 I지군 18 · 19호분 (사진 : 이축된 19호분)

에서 파생하는 구릉 끝자락에 형성되었는데, 여기에서 고대의 관도인 다케노우치[竹ノ内]가도에 걸친 지역에 비다츠릉 등의 왕릉급 고분들이 입지하고 있어 고대 치가츠아스카[近つ飛鳥]로 불려졌다.

이 고분군은 약 280여기가 분포하는 것으로 추정되고 있는데, 그 가운데 약 70기가 발굴조사되었다. 조사 결과에 의하면 6세기 전반에 고분의 축조가 시작되었고, 6세기 후반에서 말에 걸쳐 가장 많이 축조되었다. 이후 7세기 중엽 무렵에 고분 축조가 중단된다. 대부분이 지름 10~20m의 소형 원분이고, 매장주체부는 굴식돌방무덤이다.

고분군 가운데 가장 주목받아 온 고분은 WA1호분인데, 지름 30m가량으로 고분군 내에서 가장 큰 규모이다. 그리고 굴식돌방무덤내에서 축소모형 취사도구를 비롯한 토기, 금제 소환이식, 유리옥, 금동신발(飾履), 용문환두대도 등이 출토되어 한반도와의 관련이 지적되고 있다.

그러나 백제계 고분을 생각하였을 때 가장 중요한 고분은 I지군의 고분들이다. I지군은 능선에 끼여 있는 계곡부의 미고지에 조영되었는데, 매장시설은 소형의 깨진 돌을 이용하였고, 짧은 연도가 있는 돌방무덤이 축조되는 등, 고분군 내에서 가장 오래된 양상을 보여준다.

I지군18호분의 경우 오른쪽에 입구가 열려 있는 굴식돌방무덤으로 윗부분은 대부분 삭평을 당해서 정확하게 알 수 없다. 현실 길이 3.3m, 너비 2.1m이고 연도 길이 2.3m, 너비 0.8m로 현실의 길이와 너비의 비율이 약 1.57:1이다. 석실 내에는 2개의 목관이 안치되었을 것으로 추정되고 있다. 출토된 유물로는 은제 반지, 금환, 유리옥, 마구 등을 비롯해 축소모형 취사도구가 있다. I지군19호분 역시 오른쪽에 입구가 있는 굴식돌방무덤이고, 현실 길이 3.1m, 너비 1.7m, 연도 길이 1.6m, 너비 0.8m로 현실의 길이와 너비의 비율이 1.82:1이다. 축소모형 취사구를 비롯해 은제 머리뒤꽂이가 출토된 것이 특징이다.

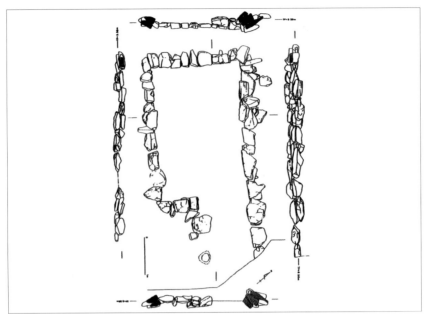

시치노츠보 고분 석실 도면

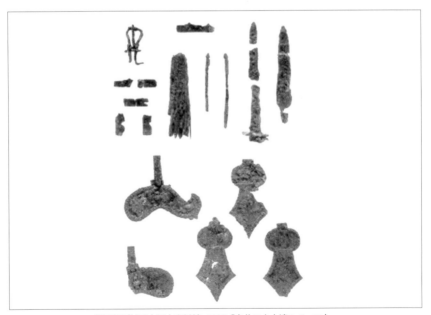

출토유물(柏原市歷史資料館, 1996, 『高井田山古墳めぐって』)

한류 열풍의 진앙지 일본 가와치 河內

I지군의 이 석실들은 역시 백제와의 관련성을 보여 준다. 먼저 석실의 평면형태로 볼 때 현실의 길이와 너비의 비율이 대개 1.6:1로 장방형이다. 이러한 석실들은 최근 조사된 하남 광암동고분군과 성남 판교동고분군에서 다수 확인되었다. 이전에는 한성기 백제의 중심인 서울 혹은 그 가까운 지역에서 이러한 형태의 굴식돌방무덤들이 잘 확인되지 않았으나, 위에 언급한 바와 같이 근래에 그 조사예가 급격하게 증가하고 있다. 더욱이 석실의 형태뿐만 아니라 은제 머리뒤꽂이와 반지 등의 장신구류 역시 성남 판교동고분군에서 같은 양상으로 확인되었다. 그리고 실제의 크기가 아닌 축소모형으로 만든 취사도구 역시 백제와의 관계를 보여주고, 석실 내에 2개의 목관을 안치한 것 또한 다카이다야마 고분과 같이 백제의 장제를 그대로 답습한 것으로 볼 수 있다. 따라서 이 I지군의 굴식돌방무덤들은 긴키[近畿] 지역에서 출현하는 초기의 굴식돌방무덤로 백제에서 영향을 받아 축조되었다. 나아가 유물의 부장양상, 장제 등을 아울러 보았을 때 무덤의 주인공은 백제에서 건너간 사람으로 추정하는 것도 가능할 것이다.

가와치 지역의 '왕가의 계곡' 근처에 백제계 고분이 출현하고 이후 대규모 고분군이 축조된다는 점에서 그 의의가 상당히 큰 고분군으로 볼 수 있다.

나가하라 유적-시치노츠보 고분

오사카시[大阪市] 히라노구[平野區] 나가요시나가하라[長吉長原], 가와나베[川辺], 데토[出戸] 일대의 넓은 범위에 걸쳐 대규모 취락 유적과 고분군이 위치하고 있다. 취락과 고분군은 5세기에서 6세기에 걸쳐 형성되었다.

이 유적에서는 부뚜막이 설치된 수혈주거지, 벽주건물지가 확인되었고, 부뚜막과 시루 등의 취사용기, 조족문토기 등을 비롯한 한반도계 토기가 다수 출토되었다. 이와 함께 단야 공방지도 다수 확인되어 철제품의 생산을 담당하였던 유적임을 알 수 있다. 그리고 유적 전면에 걸쳐 말뼈가 확인되어 말 사육과 관련한 도왜인이 거주하였을 가능성이 지적되고 있다.

이 유적의 가운데에는 나가하라[長原] 고분군이 입지하고 있는데, 전방후원분 2기, 원분 4기, 방분 195기를 비롯하여 약 200여기의 고분이 확인되었다. 4세기 말에서 6세기 중엽, 1기에서 4기에 걸쳐 형성된 고분군으로 이 고분군의 피장자는 앞서 언급한 가와치의 중심고분군인 후루이치[古市] 고분군과 관계 깊은 재지수장 및 직능집단의 묘역으로 추정되고 있다.

고분군의 마지막 단계인 제4기가 되면 이 고분군에서 확인된 유일한 굴식돌방무덤 고분인 시치노츠보[七ノ坪] 고분이 축조된다. 전방부가 짧은 가리비형 전방후원분으로 분구 규모는 전체 길이 약 23.5m이다. 굴식돌방무덤은 후원분에서 확인되었는데 입구가 오른쪽으로 열려 있는 우편재식이다. 석실의 윗부분이 전부 훼손되어 천장구조 등을 명확하게 알 수는 없으나 궁륭상천장으로 추정된다. 현실의 길이는 약 3.5m, 너비는 약 2.5m이다. 석실 안에서 마구와 무기·무구, 장신구를 비롯해 토기류가 출토되었다.

이 고분 역시 긴키 지역에서 출현하는 초기 단계의 굴식돌방무덤로, 석실의 형태와 규모, 장폭비 등으로 보아 백제에서 영향을 받아 축조되었다. 그러나 분구가 일본열도 특유의 가리비형 전방후원분이고 부장품 역시 백제계뿐만 아니라 신라, 가야계 요소가 보이기 때문에 무덤의 주인공을 곧바로 백제에서 건너간 도왜인으로 설정하기에는 조금 무리가 있다. 그러나 이 석실의 출현에 백제의 영향이 있었음은 틀림없을 것이다.

후지노모리 고분

후지노모리 고분[藤の林]은 가와치 지역 중심 고분군인 후루이치[古市] 고분군 내에 입지하고 있는 고분으로 오진릉으로 추정되고 있는 곤다고묘야마[譽田御廟山] 고분의 전방부에서 서쪽으로 약 100m 떨어진 지점에 축조되었다. 1965년 오사카부의 수도 펌프장 건설과 관련하여 조사되었고, 이후 펌프장 내로 이축되었다.

　고분은 지름 약 22m의 원분으로 매장주체부는 굴식돌방무덤이다. 돌방무덤은 오른쪽으로 입구가 열려 있는 우편재식이고 현실의 규모는 길이 약 3.5m, 너비 약 1.5m, 높이 약 1.5m이다. 현실 측벽의 약 1.1m높이까지는 수직으로 쌓고 그 위로 급하게 내측으로 기울어 쌓은 돔형태의 천장구조이다. 측벽에는 전면에 적색안료가 도포되었고, 현실내에는 목관 1기가 안치되었다. 출토유물로는 목관 부속구인 못을 비롯해 유리옥, 철제 갑옷 등이 있다. 분구 표면에서는 하니와[埴輪]편과 토기편이 확인되었다. 이러한 유물로 의해 5세기 후반에 축조된 고분으로 추정되고 있다.

　이 고분 역시 위에서 살펴본 다른 굴식돌방무덤 등과 함께 5세기 후반에 축조된 긴키 지역 초기의 굴식돌방무덤이다. 새로이 굴식돌방무덤이 도입되고 못으로 고정하는 목관이 안치되는 점은 다른 고분들과 같이 백제로부터 영향을 받아 성립된 것으로 보인다. 그러나 석실의 전체적인 평면형태와 적색안료의 도포, 하니와의 수립 등의 요소로 보아 무덤의 주인공을 곧바로 백제에서 건너온 인물로 상정하는 것은 무리가 있을 듯하다.

　비록 도왜인이 묻힌 것은 아니라고 할지라도 이 고분이 시사하는 바는 크다. 고분이 왕의 묘역인 후루이치[古市] 고분군 내에 위치하고 있기 때문이다. 지금까지 긴키[近畿] 지역에서 확인된 초기 굴식돌방무덤들은 대부분 대형 전방후원분과 떨어진, 중소 고분군에서 출현하였기 때문에 야마토[大和] 왕권과는 크게 관련 없이 각 지역의 수장층이 도입한 것으로 보는 견해가 많았다. 더욱이 한국에서 역시 한성기의 중앙 지역인 서울과 그 근교에서 굴식돌방무덤이 별로 발견되지 않았기 때문에 백제 왕권 역시 크게 관련이 없는 것으로 보았다.

　그러나 가장 이른 시기의 굴식돌방무덤으로 판단되는 후지노모리[藤の林] 고분이 왕묘역 내에 축조되는 것으로 보아 새로운 묘제인 굴식돌방무덤

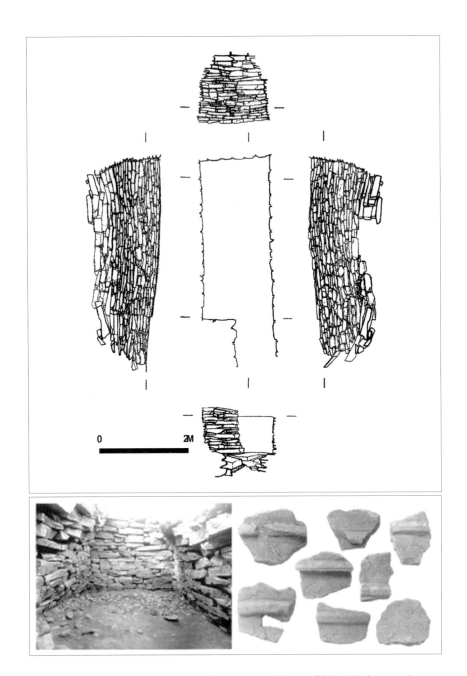

후지노모리 고분 석실 도면 및 후벽 사진(柏原市歷史資料館, 1996, 『高井田山古墳めぐって』)

의 도입에는 분명 왜 왕권의 관여가 있었다는 것을 나타내는 것으로 생각된다. 같은 묘역내에 6세기 초에 축조된 미네츠카[峯塚古墳]에서 금동제 관모를 비롯해 은제 화형식(花形飾)과 이식, 금동제 호록 등의 유물이 다수 확인되었는데, 백제에서 제작되어 부장된 점 역시 중앙과의 관계를 엿볼 수 있게한다.

그리고 최근 서울 우면동고분군, 하남 광암동고분군, 성남 판교동고분군과 같이 한성기 중앙지역에서 이른 시기의 굴식돌방무덤이 다수 조사되고 있고, 그 형태와 유물 부장양상 역시 긴키 지역의 초기 굴식돌방무덤과 유사한 양상이다. 게다가 5세기 후반이라고 하는 시점은 백제 왕권과 왜 왕권이 가장 빈번하게 교류를 하는 시기이다. 가장 유명한 곤지 등을 파견하는 왕족 외교가 그것으로, 이러한 점들을 염두에 두면 이 지역 굴식돌방무덤의 도입은 분명 백제 왕권과 왜 왕권의 관계 속에서 출현하는 것으로 볼 수 있다.

5세기 후반에 왜 왕묘로서 굴식돌방무덤이 채용된 것이 아니지만, 이 시기 백제에서 건너온 도왜인에 의해 새로운 굴식돌방무덤이 축조되고, 이에 영향을 받아 재지의 요소가 가미된 석실이 몇 기 축조된다. 그리고 이후 6세기 전반에 백제와 관계가 깊은 계체천황의 능묘로 추정되는 이마시로츠카[今城塚]의 매장주체부로서 굴식돌방무덤이 채용된다.

3. 또 한 번 새로운 묘제가 출현하다
    – 앞트기식 돌덧널무덤의 출현

앞서 살펴본 바와 같이 6세기 전후한 시기에 백제와의 관계속에서 긴키 지역에 새로운 묘제로서 굴식돌방무덤이 출현한다. 이 굴식돌방무덤은 6세기 전반 이후 재지화된 '기나이형[畿內型] 석실'이 성립되고 중앙을 비롯해 일본열도 각지로 확산되면서 주요묘제로 자리잡게 된다. 이 기나이형석실은 7세기 말까지 한반도의 석실에 비해 훨씬 대형화가 되는 방향으로 점점 변화하게 된다. 이러한 변화가운데 6세기 말에 굴식돌방무덤과는 다른 새로운 요소가 도입된 묘제가 축조되게 된다. 일본에서는 이를 앞트기식 돌덧널무덤(横口式石槨)으로 칭하고 있는데, 주검이 안치되는 현실의 크기가 전실(前室), 혹은 연도보다 오히려 규모가 작은 형태로, 잘 다듬은 절석(切石)을 이용해 석실을 구축하는 것이 특징이다.

이 앞트기식 돌덧널무덤도 가와치 지역에서 가장 먼저 축조되고, 역시 백제로부터의 영향이 엿보이는데 주요 고분의 예를 들어 살펴보면 다음과 같다.

시시요츠카 · 아카하게 · 쓰카마리 고분

이 세 고분은 미나미카와치군[南河內郡] 가난쵸[河南町]에 있는 고분으로 히라이시[平石] 고분군에 속한다. '왕가의 계곡'의 남쪽에 입지하고 있는 고분으로 '치가츠아스카[近っ飛鳥]'의 중심 고분들 가운데 가장 남쪽에 입지하고 있다.

시시요츠카[シシヨッカ] 고분을 먼저 살펴보면, 분구는 3단축성의 장방형이고, 주구가 돌려져 있다. 분구의 규모는 동서 약 60m, 남북 약 53m이다. 3단 분구 가운데 2, 3단의 매장주체부 주위는 사질토와 점질토로 판축기법으로 쌓아 올린 것이 확인되었다.

매장시설은 주검을 안치하는 현실(석곽부)과 그 앞의 전실, 그리고 연도로 구성되어 있다. 현실의 길이는 2.5m, 너비 1.1m로 이 시기 다른 주요 굴식돌방무덤들에 비해 훨씬 적은 규모인데, 더욱 특징적인 것은 현실보다 전실과 연도를 더 크게 축조하였다는 점이다. 즉, 현실이 전실과 연도보다 더 좁고, 낮은 형태로 일반적인 굴식돌방무덤과는 완전히 반대의 양상을 보여준다. 또한 현실은 잘 다듬은 대형 화강암을 이용해 구축한 반면, 전실과 연도는 이전의 다른 석실들과 같이 근처 니죠야마[二上山]에서 산출하는 응회암을 이용한 것이다.

입구쪽 약 80cm에는 바닥에 자갈을 깔았고 그 위에서 스에키[須惠器] 사이호(四耳壺)와 철제 소찰 등이 출토되었으며, 폐쇄 과정에서 스에키 옹이 연도의 양측에 놓여진 것이 확인되었다.

도굴이 되긴 하였으나 의외로 부장품은 많이 발견되었다. 금·은 상감의 문양이 베풀어진 대도금구와 마구를 비롯해 다량의 유리구슬과 금·은제의 장식품, 철촉 등이 출토되었다. 이 가운데 특징적인 것은 옻칠을 한 목관인 칠도롱관(漆塗籠棺)의 파편이 출토된 점이다. 이 시기 일본열도에서는 석관을 이용하는데, 이 고분에서 칠을 베푼 관이 처음 확인된 것으로 관의 출현과 계보를 파악함에 있어 가장 중요한 자료가 된다. 더욱이 매장시설의 형태와 옻칠을 한 관은 이 고분에서 그치는 것이 아니라 같은 히라이시[平石] 고분군에 속하는 아카하게[アカハゲ] 고분과 쓰카마리[塚廻] 고분에서도 동일하게 확인되고 있어 더욱 그 의의가 크다고 할 수 있다.

아카하게[アカハゲ] 고분은 시시요츠카[シシヨッカ] 고분의 북동쪽 370m에 위치한다. 남쪽으로 뻗은 능선자락을 이용하여 장방형으로 3단 축성, 남쪽에는 단을 설치하였다. 단의 전면 너비는 약 70m이상이고, 그 위에는 분구자락의 동·남·서를 'ㄷ'자 형태로 주구를 설치하였다.

매장시설은 시시요츠카[シシヨッカ] 고분과 같이 현실(석곽부)과 전실, 연도로 구성되고, 현실이 전실과 연도보다 작은 앞트기식 돌덧널무덤이다. 역시 화강암의 절석을 이용한 석곽부의 규모는 길이 2.3m, 폭 1.5m, 높이 1.2m이다. 석곽부와 전실의 사이에는 문짝이 있었던 것으로 보이고, 석곽부 양측벽과 바닥에는 단이 설치되었다. 석곽부의 바닥 중앙에는 길이 186cm, 폭 66cm의 범위로 석회를 칠한 흔적이 남아 있는데, 관 또는 관대를 고정시킨 것으로 추정되고 있다. 전실은 너비 1.8m, 높이 1.5m로, 바닥

시시요츠카 고분 전경 및 석곽부 사진(近ɔ飛鳥博物館, 2007)

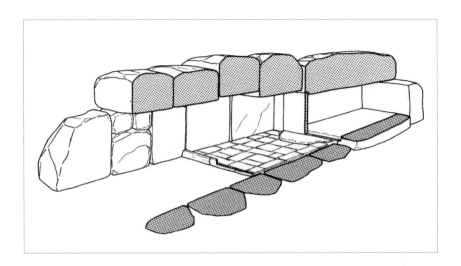

아카하게 고분 매장주체부 모식도 및 석곽부 사진(近っ飛鳥博物館, 2007)

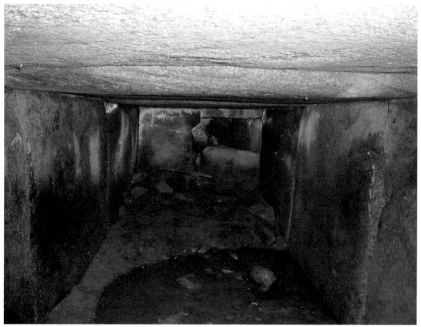

쓰카마리 고분 현재 전경 및 내부 사진

면에는 6cm 두께의 자갈을 깔고 그 위에 장방형으로 가공한 하이바라이시[榛原石]라고 하는 석재를 전돌(塼)과 같이 납작한 형태로 가공하여 바닥에 깔았다.

출토유물로는 칠도롱관(漆塗籠棺)의 파편과 함께, 유리제 편평관옥, 황갈유 유개 원형 벼루의 파편이 출토되었다.

쓰카마리[塚廻] 고분은 아카하게[アカハゲ] 고분의 북동쪽 150m에 위치하고 있다. 앞의 두 고분과 마찬가지로 장방형으로 3단 분구를 축성하였고, 남쪽에 단을 설치하였다. 단의 전면 너비는 약 80m이상으로 히라이시[平石] 고분군에서도 가장 큰 규모이다.

1979년에 내부를 조사하였고, 이후 2004년에 이전에 조사하지 않았던 연도를 조사하였다. 역시 석곽부와 전실, 연도로 구성되고, 전실과 연도가 석곽부보다 규모가 큰 앞트기식 돌덧널무덤이다. 석곽부의 규모는 길이 2.4m, 너비 1.32m, 높이 1.32m이고 잘 다듬은 화강암을 이용하여 구축한 측벽과 천장, 바닥을 구축하였는데 바닥석은 전실의 1.3m 정도 튀어 나와 있고, 석곽부와 전실의 경계에는 얇은 판석의 문짝을 튀어 나온 바닥석위에 올렸다. 전실 바닥면에는 거의 정방형으로 가공한 하이바라이시[榛原石]를 2중으로 겹쳐 깔았다. 연도 가장 바깥쪽의 천장석은 상부를 분구사면에 맞추어 경사지게 가공하였는데, 이러한 가공은 외부에서 볼 수 있도록 한 것으로 추정되고 있다.

유물로는 관과 관련되는 칠도롱관(漆塗籠棺) 파편과 협저관(夾紵棺) 파편 외에, 관을 보호하기 위한 녹유도제 관대가 확인되었다. 그리고 아카하게고분과 같은 양상의 유리제 편평관옥과 유리소옥, 칠보식금구, 금상감철도, 금사 등이 출토되었다.

이 세 고분의 축조시기에 대해 살펴보면, 먼저 시시요츠카 고분의 경우 출토 토기를 근거로 6세기 말로 추정되는데, 여기에는 거의 이견이 없다. 그러

오카메이시 고분 발굴 전경 및 모식도(近つ飛鳥博物館, 2007)

나 아카하게고분과 츠카마리고분의 경우 실연대에 대해 여러 의견이 있으나, 앞트기식 돌덧널무덤의 구조로 보아 시시요츠카 고분에서 형식변화한 것이 분명하고, 그 입지로 보아 시시요츠카→아카하게→쓰카마리고분 순으로 축조가 된 것으로 볼 수 있다. 쓰카마리고분이 대개 7세기 중엽 무렵으로 비정되기 때문에 6세기 말에서 7세기 중엽에 걸쳐 세 고분이 축조된 것으로 파악된다.

이러한 연대 비정에서 가장 중요한 것은 역시 가장 먼저 축조되는 시시요츠카 고분의 출현이다. 시시요츠카 고분의 발견 이전에는 현실이 석곽과 같은 형태로 전실 혹은 연도보다 작게 축조되는 앞트기식 돌덧널무덤의 출현이 7세기 이후로 추정되어 왔는데, 이 고분의 조사로 인해 출현 연대와 계보 관계를 다시 생각하지 않을 수 없게 되었다.

오카메이시 고분

돈다바야시시[富田林市] 미도리가오카쵸[綠ヶ丘町]의 이시카와[石川] 서안에 남북으로 뻗은 하비키노[羽曳野] 구릉에 입지하는 고분이다.

분구는 약 20m의 방분이고, 매장시설은 가형석관을 둔 석곽부와 그 전면에 전실, 연도를 설치한 앞트기식 돌덧널무덤이다. 응회암질의 석재를 파내어 만든 가형석관은 전면에 입구를 뚫었으나, 너비와 높이가 각각 0.66m, 0.36m 밖에 되지 않아 이 입구로 관을 넣는 것은 어려울 것으로 추정되고 있다. 석관의 주위에는 전실로 이어지는 전면을 제외한 세 방향에 수키와를 약 70cm 정도 쌓아 올려 석곽부를 구축하였다.

석관 전면의 양측에는 각 2매씩의 가공된 거석을 세웠고, 그 앞에는 각 3매씩의 돌을 벽석으로 세워, 전실과 연도를 설치하였다. 천장의 경우 석관의 위에는 아무런 시설을 하지 않았고, 석관에 걸쳐 전실을 덮는 거석 1매가 남아 있었다. 전실의 상면에는 자갈을 깔았다.

앞서 살펴본 세 고분과 전체적인 평면형태는 유사하나, 일본 고유의 관인 가형석관을 그대로 이용한 점에서 차이가 있다. 이 고분은 앞트기식 돌덧널무덤이라는 형태뿐만 아니라 석곽부에 두른 기와로 인해 더욱 주목을 받게 되었다.

기와는 신도하이지[新堂廢寺]에 사용하였던 기와를 그대로 이용한 것으로 판명되었는데, 이 신도하이지[新堂廢寺]는 고분에서 남동쪽으로 약 300m 떨어진 곳에 위치하고 있다. 그리고 사원과 고분에는 두 유적에 이용된 기와를 생산하였던 오간지이케[オガンジ池] 기와 가마터가 있다.

신도하이지[新堂廢寺]의 가람은 초축 당시 중문과 금당, 강당이 남북으로 일직선상에 나란히 배치된 시텐노지[四天王寺]식의 가람배치이다. 가람배치의 형태와 기와로 보아 7세기 전반 무렵에 창건된, 미나미카와치[南河內] 지역에서 가장 오래된 사원 중에 하나로 추정되고 있다.

따라서 오카메이시[お龜石] 고분 역시 7세기 전반 무렵에 축조되었고, 신도하이지의 창건 주체자의 무덤으로 추정되기도 한다. 백제계 가람배치의 사원과 앞트기식 돌덧널무덤이 동시에 출현하는 것으로 그 의의가 큰 고분이라 할 수 있다.

간논츠카 고분

오사카부 하비키노시[羽曳野市]의 하치부세야마[鉢伏山]로부터 파생하는 능선상에 입지하는 고분으로 곤지를 모시는 신사인 아스카베[飛鳥戶]신사와 아주 가까운 곳에 위치하고 있다.

분구는 삭평되어 원상을 알 수 없으나, 지름 13m정도의 원분으로 추정된다.

매장시설은 석곽부와 전실, 연도로 구성되는 앞트기식 돌덧널무덤으로 주변에서 산출되는 석영안산암을 이용하여 축조하였다. 석곽부는 가형석관과 유사한 형태로 양 측벽과 바닥이 절석[切石] 1매로 되어 있고, 천장을 1매로 만들었다. 석곽부의 규모는 길이 1.9m, 너비 0.92m, 높이 0.78m로 역시 전실과 연도에 비해 상당히 작은 규모이다. 전실에는 석곽부 입구에 붙여 석곽부의 바닥과 높이를 맞추어 절석을 두었는데 제사와 관련되는 것으로 추정된다. 전실입구는 계단상의 부석을 설치한 다음, 기둥상의 석재를 양측에 세우고, 그 위에 대들보 돌을 가구하였다. 이 전실입구에도 문짝을 끼웠던 것으로 보인다.

전실의 벽면은 잘 다듬은 석재를 모자이크상으로 조합하였는데, 빈틈이 거의 없을 정도로 정연하게 축조되었다. 이러한 고도의 돌쌓기 기술에 대해 한반도에서 기술적 계보를 구하는 견해가 있고, 또 석곽의 축조에 한 척이 약 30cm인 당시 고려척이 사용되었다고 지적하는 견해도 있다.

출토유물은 전혀 알 수 없으나, 앞트기식 돌덧널무덤의 구조로 보아 7세기 중엽 무렵에 축조된 것으로 추정되고 있다.

이상과 같이 앞트기식 돌덧널무덤의 주요 고분들을 살펴보았는데, 이 앞트기식 돌덧널무덤은 주로 가와치 지역과 나라의 야마토지역에 분포하고 있다. 그 가운데 가와치 지역에만 20여기가 확인되고 있는데, 이를 모두 백제계 고분 혹은 피장자를 백제계 도왜인으로 상정할 수 있을까.

이 앞트기식 돌덧널무덤의 출현에 대해 크게 자체발생 하였다는 견해와 외부에서 영향을 받았다는 견해가 주장되어 왔다. 주로 외부에서 영향을 받았다는 견해가 많은데, 특히 백제로부터의 영향이 강조되었다. 백제 사비기의 능산리형석실과 가장 유사하다는 지적이다. 이 가운데, 이 고분들이 입지하는 지역이 율령시대의 아스카베군[安宿郡]으로 백제계 도래인들이 거주하였다는 기록을 근거로 그들에 의해 축조되었다는 주장도 제기되었다.

그러나 이러한 주장에 대해서는 다시 생각해봐야 할 문제들이 많다. 우선 가장 문제가 되는 것이 완전하게 똑같은 형태가 없다는 점이다. 가장 먼저

〈 간논츠카 고분 현재 모습 〉

앞트기식 돌덧널무덤 전체 모습

전실 입구

전실 및 석곽부 입구

석곽 내부

축조되는 시시요츠카 고분 역시 현실과 연도로 이루어진 백제 능산리형 석실과는 완전 다르게 석곽화된 현실 앞에 전실을 갖추고 있다. 즉, 앞트기식 돌덧널무덤이라는 형태 그 자체의 문제이다. 당시 한반도에는 현실보다 큰 전실과 연도는 만들어지지 않기 때문에 전실을 현실보다 크게 만든다고 하는 개념이 과연 한반도에서 건너온 사람들에 의해 도입되었을까 하는 문제가 남는 것이다. 즉, 고분의 형태만으로 그 기원을 찾는 것은 쉽지 않다.

이 문제를 해결하기 위해서 가장 주목해야 할 부분은 시시요츠카 고분의 석곽부라고 생각된다. 이 고분의 전실과 연도는 이전의 다른 석실들과 같이 근처의 응회암을 이용하나, 석곽부만 화강암을 잘 다듬어 이용하고 있다. 새로운 석재와 새로운 기술이 도입되는 것이다. 그리고 석곽부의 규모도 이전과는 확연하게 다르게 2.5m, 너비 1.1m의 소규모로 축조된다. 이 수치가 상당히 중요한데, 그 이유는 능산리형석실의 크기와 거의 같기 때문이다. 즉, 이 시기 일본열도의 주요 굴식돌방무덤의 경우 현실의 길이만 5m가 넘는 대형으로 축조되지만, 시시요츠카 고분부터 시작되는 앞트기식 돌덧널무덤의 경우 석곽부가 능산리형석실과 같은 규모, 같은 석재의 가공방법으로 축조되는 것이다. 시시요츠카 고분에서 이어지는 아카하게·쓰카마리고분 역시 같은 양상이고, 이후 다른 앞트기식 돌덧널무덤 역시 대개 비슷한 규모를 유지한다.

그리고 시시요츠카 고분이 축조되는 6세기 말은 일본에서 처음으로 창건된 사원인 아스카데라[飛鳥寺]가 지어지는 시기로, 백제로부터 많은 공인들이 파견된다. 이러한 점들을 종합해 보면 앞트기식 돌덧널무덤의 출현은 백제에서 건너간 공인들에 의해 영향을 받은 것으로 볼 수 있다. 그러나 이 앞트기식 돌덧널무덤의 피장자를 그대로 도왜인으로 연결하기는 어렵다. 분명 백제의 요소가 보이긴 하나, 분구의 형태, 전실을 갖추고 있는 점, 기존의 가형석관과 같은 형태로 만드는 점 등 백제와 관련이 없는 요소도 많기 때문이다. 따라서 앞트기식 돌덧널무덤의 출현은 백제계 요소의 영향과 재지 요소가 결합되어 출현한 것으로 볼 수 있다.

그렇다고 이 피장자들이 절대 도왜계씨족이 아니라고도 할 수는 없다. 분명 이 지역에 백제계 도래인들이 살고 있었던 것으로 기록되어 있기 때문이다. 그러나 앞서 살펴본 다카이다야마[高井田山] 고분의 피장자와 같이 당시의 새로운 묘제, 장제를 가지고 건너와 묻힌, 동시기에 도왜를 한 도왜인과는 분명 차이가 있다.

이후 7세기 후반이 되면 나라의 아스카[飛鳥] 지역을 중심으로 전실과 연도가 설치되지 않고 석곽부의 매장주체부만 축조되는 새로운 앞트기식 돌덧널무덤이 출현한다. 이 묘제 역시 백제로부터의 새로운 임팩트를 엿볼 수 있는데, 이에 대해서는 나라지역에 대한 설명에서 다시 언급하겠다.

4. 새로운 묘제에 묻힌 사람은 모두 백제계 도왜인인가

앞서 살펴본 바와 같이 일본열도 고훈시대에는 크게 두 차례에 걸쳐 묘제의 큰 변화가 일어나고, 그 변화는 백제로부터 영향을 받았다. 그러나 백제계 고분, 그리고 고고자료로 보았을 때 백제에서 일본으로 건너간 도왜인을 상정하는 것이 쉬운 일이 아니다. 도왜인임에 틀림없을 것이라고 강하게 주장할 수 있는 것은 아마도 다카이다야마[高井田山] 고분 및 이치스카[一須賀] 고분군의 I지군18·19호분 등 몇 기에 지나지 않을 것이다.

'도왜인'이라고 하면, 우선 가장 먼저 떠오르는 이미지가 그 당시 한반도에서 일본열도로 건너가 활약하는 모습이다. 이를 고고자료로 증명할 수 있는 것은 거의 동시기 한반도에서 일본에 전해진 묘제 혹은 유물을 통해서만 가능할 것이다. 물론 이 가와치 지역을 비롯해 많은 지역에 당시 도왜계씨족의 활약이 문헌에 기록되어 있지만, 도왜계씨족이라는 것은 일본으로 건너간 이후 몇 세대가 지난 후의 모습이다. 따라서 한반도의 무덤, 물건을 그대로 유지하지 않을 가능성이 크며, 이 경우 도왜인 혹은 도왜계씨족임을 고고자료로 증명하는 것은 상당히 어렵다.

그러나 굳이 무덤의 주인공이 도왜인이 아닌 것으로 상정한다고 해서 한반도, 여기에서는 특히 백제와 관련이 없다는 것은 아니다. 새로운 묘제, 장송의례인 굴식돌방무덤의 출현, 그리고 대형 석재를 마연, 가공하는 절석(切石)고분의 축조와 매장주체부가 간소화 되는 앞트기식 돌덧널무덤의 조영 등의 일련의 프로세스에는 분명 백제로부터의 여러 영향이 있었기 때문이다. 이 고분들을 전부 백제계고분으로 설정하는 것은 무리가 있을 것이지만, 분명 그 시작은 백제계로 두어도 좋지 않을까 한다.

고대 일본의 국가 기틀을 마련한 백제계 도왜씨족

박 재 용(충남역사문화연구원 책임연구원)

백제는 왜국과 교류를 맺은 이래 문자와 유교·불교·도교 등의 사상은 물론이고, 토목·건축·조각·회화·음악 등과 같은 각종 선진기술 및 문화예술을 왜국에 적극적으로 전해주었다. 특히 다수의 지식인과 기술자, 일반인들이 함께 일본열도로 건너감으로써 왜의 국가형성과 고대문화의 확립에 지대한 영향을 끼쳤다. 이들의 이주는 동아시아와 한반도의 역사적 상황, 또는 백제와 왜의 관계변화에 따라 이루어졌다. 이들은 일본열도에 정착하는 과정에서 왜국내의 유력씨족들과 밀접한 관계를 맺으며 새롭게 거주지를 마련하였다. 이를 바탕으로 세력을 형성하여 대내외적 활동범위를 넓혀가며 자신들의 입지를 다져나갔다. 이와 같은 사람들을 우리는 백제계 도왜인 또는 도왜씨족이라고 부른다.

백제계 도왜인은 왜국에 건너간 시기에 따라 크게 두 부류로 나뉜다. 먼저 백제와 왜국의 교류가 정식적으로 시작된 4세기 때부터 일본열도로 건너가 고유 직능을 바탕으로 기반을 잡은 사람들이다. 그리고 660년 백제 멸망 후 왜국으로 망명한 백제유민과 그 후손들을 가리킨다. 이른 시기에 건너간 백제계 씨족들은 기나이, 그 가운데에서도 가와치와 야마토 지역에 대부분 거주했다. 백제 멸망 후에 왜국으로 망명한 유민들은 대부분 오오미[近江] 지역에 새롭게 터전을 잡았다.

그런데 지금까지 백제와 왜국의 관계를 이해할 때 백제계 도왜인들에 대해서는 이들이 가지는 역사·문화적 의의에도 불구하고 상대적으로 소외되었다. 백제계 도왜인들과 그 후손들 가운데는 왜국 내의 정치, 사회, 문화면에서 많은 변화를 이끈 역사적 인물들도 적지 않다. 그럼에도 대부분 일본측 사료에서만 그 자취를 찾아볼 수 있어 우리에게는 생소하기만 하다. 비록 백제 본국과는 바다 건너 떨어져 있고, 이후 백제는 멸망했지만 백제계 도왜인들이 활동과 그 저력의 중요한 밑거름이 된 것은 다름아닌 백제의 역사와 문화라는 점을 간과해서는 안 된다.

1. 왜 가와치 지역인가?

일본의 고대왕권이 야마토 지역을 중심으로 성립되었다는 사실은 부정할 수 없다. 하지만 그 원동력이 된 것은 가와치 지역의 역사와 문화이다. 가와치 지역은 기나이 지역을 관통하는 중요 하천인 야마토가와, 이시가와, 요도가와 등의 유역에 오랫동안 유수로 인해 토사가 충적되면서 점차 그 주변이 육지로 변하고, 농지로 활용하기 위해 수리체계를 정비하면서 경제생산의 중심지가 되었다. 나아가 중국대륙과 한반도의 선진문물을 받아들이는 대외교역의 창구로서 점차 지역적 중요성이 부각되기 시작하였다. 이처럼 가와치 지역이 고대 일본의 국가적 발전을 이끌 수 있었던 배경에는 일찍부터 한반도에서 많은 도왜인들이 정착해 살면서 고대문화의 싹을 틔웠기에 가능했

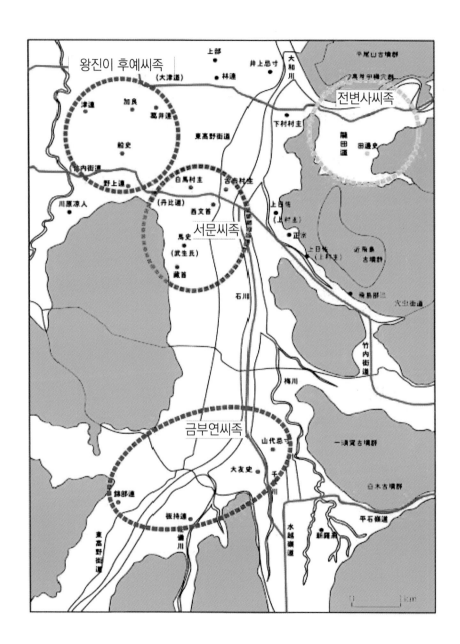

가와치 지역 백제계 씨족 분포도

던 것이다.

특히 백제계 도왜인은 이른 시기부터 가와치 지역의 남부지역을 중심으로 정착하여 씨족을 이루었고, 북·중부에도 많은 삶의 흔적을 남겼다. 『일본서기』와 『신찬성씨록』에는 가와치 지역에서 활동한 많은 백제계 도왜씨족들이 보인다. 5세기 단계부터 곤지의 도왜와 그 후예씨족, 전문기술 집단들, 문인집단인 사씨(史氏)계 씨족들의 활동이 자주 등장한다. 이들의 도왜는 왜국의 요청에 의해 이루어지는 경우가 많았다. 경우에 따라서는 백제의 대외전략에 의해 파견된 왕족들과 지식인, 그리고 승려들도 있었다. 이들은 가와치 지역에 정착한 후 자신들의 거주지를 중심으로 점차 입지를 다져나갔으며, 왜왕권 또는 유력 씨족들과 긴밀한 관계 속에서 왜국의 고대문화 형성을 이끌었다. 결국 왜국은 백제계 도왜인들의 가와치 정착과 개발, 그리고 이들이 지니고 있던 선진문화를 적극적으로 받아들임으로써 국가기반의 기초를 다질 수 있었다.

2. 금부씨, 왜국의 산업 발전을 이끌다

금부씨(錦部氏)는 5세기 후반 왜국으로 건너 간 백제계 기술집단이다. 금(錦)은 직물을 만드는 데 많은 공이 들어 금(金)과 같은 가치를 지니고 있다는 최고급 비단을 의미하며, 이러한 최고급 직물을 생산할 수 있는 기술력을 보유하고 있던 집단이 바로 금부씨였다. 금부씨는 왜국으로 건너 간 후 직물뿐만 아니라 마구와 생활도구 등도 생산하면서 왜국에 선진기술을 전파하였다.

기록에 의하면 금부씨는 근초고왕의 후예라고 한다. 금부씨가 실제로 근초고왕의 후예였는지는 정확히 알 수 없다. 815년 일본에서 편찬된 『신찬성씨록』에는 많은 백제계 도왜인들이 자신들의 조상을 백제왕이라고 주장하고 있는데, 이들은 왜국에 건너 간 후 자신들의 입지를 다지고 위상을 높이기 위해 백제왕의 후손임을 주장한 것이다. 그 만큼 당시 왜국 내에서 백제계라는 점, 더욱이 백제왕의 후손이라고 하는 것 자체가 특권이자 성장할 수 있는 발판이 되었던 것이다.

금부씨의 본거지는 가와치국 금부군으로 오늘날 오사카부 돈다바야시시 남부지역으로 추정된다. 금부씨가 주로 거주하던 금부군에는 백제향(百濟鄕)이란 마을도 있었고, 얼마 멀지 않는 곳에 금부씨의 씨족묘인 이치스카[一須賀] 고분군이 있다. 이 고분군은 현재 오사카부 미나미가와치군 이치스카 지역에 위치하는데 약 262기의 고분이 있으며 반 이상이 굴식돌방무덤이다. 금부씨가 5세기 후반 가와치 지역에 정착한 이래 왜왕권과 관계를 맺으며 6세기 중엽까지도 그 세력을 유지하고 있었음을 알 수 있다.

금부씨의 씨사는 돈다바야시시의 신도하이지[新堂廢寺]였다. 현재는 그 흔적만 남아있으며, 야마토가와 지류인 이시가와의 좌안에 있었던 백제향 내에 위치한다. 이곳에서는 아스카시대 전기양식인 백제양식의 소변연화문(素弁蓮花文) 기와가 출토되었다. 이 신도하이지는 아스카시대 초기 사찰로 탑, 금당, 강당이 남북일직선상에 놓인 전형적인 백제식 가람배치 양식을 따르고 있다. 현재 사지 서북쪽에 있는 오함지(烏含池)에서 기와를 구운 가마터가 발견되었고 이곳에서도 백제계 기와편이 발견되고 있다. 오함지라는 이름은 『삼국사기』 의자왕 15년(655)조에 보이는 오함사와 연관이 깊다. 오함사는 보령 성주사의 백제 때 이름이며, 오함지는 바로 이 오함사의 이름을 따서 사용했을 가능성이 크다.

한편 『일본서기』 비다츠천황 12년(583) 시세조에는 백제관인 일라(日羅)가 죽은 후 그 후손을 이시가와 백제촌에, 은솔 덕이 등을 하백제(下百濟) 하전촌(河田村)에 거주시켰다는 기록이 보인다. 이들이 모두 이시가와의 백제촌에 정착할 수 있었던 것도 금부씨와 같은 기존 백제계 도왜인들이 이미 기반을 닦고 있었기 때문에 가능했던 것이다.

3. 서문씨, 왜국의 문서행정을 전담하다

서문씨(西文氏)는 비교적 이른 시기의 도왜전승을 갖고 있는 왕인(王仁)의 후예씨족이다. 서문씨는 가와치국 후루이치군[古市郡], 오늘날 오사카부 하비키노시[羽曳野市] 일대에 본거지를 두고 기록 등의 전문직에 종사했던 백제계 씨족이다. 5세기 후반 이후 아지사주(阿知使主)의 후예를 칭하는 동한씨(東漢氏)와 함께 '동서제사(東西諸史)'라는 칭호를 받을 정도로 왜국 내에서 문서행정을 전담하던 문필씨족으로 유명하다.

이러한 서문씨의 씨사는 가와치국 후루이치군에 소재하는 사이린지(西琳寺)이다. 후루이치군은 고대 기나이의 교통거점이며, 사이린지는 이후 백제 불교가 일본열도로 확산되는 과정에서 중요한 역할을 수행한 사찰이었다. 사이린지는 『서림사연기』에 의하면 559년에 서수아지고(書首阿志高)와 여러 친족이 창건했다고 한다. 한편 〈금동아미타불광배명〉에는 아지고(阿志高)의 아들인 지미고수(支彌高首)가 사이린지를 처음 세우고, 그 아들 전단고수(栴檀高首) 등이 탑사를 세웠으며 아미타불상을 만들었다고 나온다.

고대 일본에서 아미타신앙은 하쿠오시대[白鳳時代:7세기 후반 8세기 초]에 일어나고, 나라시대에 전국적으로 확산된다. 한국의 경우도 7세기 이후 유행했기 때문에 『서림사연기』의 아미타불상 제작관련 내용은 시기상으로 문제가 있다. 『서림사연기』의 기록대로 사이린지가 6세기대에 창건되었는지는 명확히 확인할 수 없지만, 서문씨가 일찍부터 사원건축 기술 및 그 지식까지 보유하고 있었을 가능성은 크다.

고대 한반도에서 가람 조영은 6세기 단계에 이미 일반화되었다. 따라서 6세기 중반 왜국 내의 백제계 씨족의 씨사 조영에는 백제의 건축기술이 자연스럽게 투영되는 분위기가 조성되었다고 볼 수 있다. 『일본서기』에는 박사들을 비롯한 많은 백제인들이 건너 왔다는 내용을 전하고 있다. 이러한 기록은 당시 백제계 도왜씨족들이 도왜 이후에도 끊임없이 백제와 교류를 가졌을 가능성이 크다는 것을 말해준다. 이러한 상황은 결과적으로 백제계 씨족들이 왜국 내에서 계속 세력을 유지하고, 나아가 더욱 성장할 수 있는 발판이 되었을 것이다.

4. 왕진이의 도왜와 그 후예씨족들

백제와 왜국의 관계, 나아가 백제계 도왜씨족들의 활약상을 구체적으로 가장 잘 알 수 있는 시기가 6세기이다. 6세기는 한반도 여러 나라들이 자국의 생존과 팽창의 발판을 마련하기 위하여 중국·일본과 활발한 대외관계를 가진 시기이다. 6세기 전반 신라의 한강유역 점령과 562년 대가야 멸망 이전까지는 백제의 국력회복과 고구려와의 갈등 시기라고 할 수 있다. 그러나 백제와 고구려의 갈등을 틈타 신라가 성장함으로써 6세기 후반에는 한반도 각국의 세력판도가 변화하게 되었다. 따라서 백제를 비롯한 한반도 각국의 대외관계의 운영은 사활을 건 중요한 문제가 될 수밖에 없었다.

한편 이 시기 왜국은 고대 일본의 중앙권력이 정립해가는 과정에 있었으며, 점차 지방까지 그 세력을 확장해 나간다. 이와이[磐井]의 난 평정을 계기로 대외교섭의 창구인 큐슈 지역까지 장악한 야마토정권은 교역의 거점마다 미야케[屯倉]를 설치한다. 이에 기나이 유력씨족들인 오오토모씨[大伴氏], 모노노베씨[物部氏], 소가씨[蘇我氏] 등도 앞 다투어 각각의 세력을 확장해 나가기 시작했다. 그 과정에서 왜 왕가는 물론 각 유력씨족들은 백제계 도왜인들을 측근에 두고자 했다. 이들은 선진문화를 선점함으로써 대내적으로 정권의 우월성과 권위를 과시하며 정권의 안정을 꾀했다. 즉 6세기 대 백제의 지식인 및 도왜인집단들은 백제의 대왜외교 정책의 일환으로 왜국으로 건너갔지만, 그 후 왜국 내에서 정치적·사회적으로도 많은 영향을 끼쳤던 것이다.

대표적인 인물이 바로 백제인 왕진이(王辰爾)라고 할 수 있다. 왕진이가 왜국에 건너간 기록은 보이지 않지만, 『일본서기』에는 그의 역량을 알 수 있는 일화가 수록되어 있다. 572년 5월에 고구려가 왜국에 사신과 함께 국서를 보냈을 때 야마토정권의 모든 신하들이 고구려의 국서를 읽을 수 없었는데 유일하게 왕진이가 이를 읽어내어 천황의 칭송을 들었다고 한다. 고구려의 국서 내용이 전하지 않아 자세한 것은 알 수 없지만, 당시 왜국의 문서행정 상황의 일면을 엿볼 수 있는 일화이다. 무엇보다 이 일화는 6세기 중후반 왜국의 대외정책의 변화에 있어서 백제계 도왜씨족들의 역할과 백제의 대외 전략이 강하게 영향을 미치고 있었다는 것을 시사하고 있다.

당시 왜국 내에서 외교에 영향력을 행사하던 씨족은 소가씨였다. 이러한 소가씨 측근에는 왕진이와 그 일족들이 있었다. 소가씨의 가와치 지역 진출에는 왕진이 후예씨족들의 도움이 컸으며, 이후 소가씨의 세력확장과 유지에도 이들의 역할이 중요했다. 왕진이의 후예씨족으로는 선사(船史)·진사(津史)·백저사(白猪史)씨가 있다. 모두 야마토정권에서 문필관계 일을 담당하던 씨족으로 왕진이의 후예씨족이면서 백제의 근구수왕을 선조로 받들고 있었다. 이 백제계 사(史)씨들은 6세기에 들어와 기존에 문서행정을 담당하던 서문씨를 대신해 새롭게 두각을 나타내기 시작했다.

일본의 역사서와 율령을 편찬한 선사씨 · 진사씨

선사씨는 진사씨, 백저사씨와 함께 가와치국 다지히군[丹比郡] -오늘날 오사카부 사야마시[狭山市] 전역과 오사카시 히가시스미야시구[東住吉区]를 비롯한 야오시[八尾市] 등의 일부- 야츄향[野中郷]을 중심으로 거주하고 있었다. 구체적으로 선사씨가 현재의 야츄지[野中寺] 부근, 진사씨가 오오츠신사[大津神社] 부근, 백저사씨가 후지이데라[藤井寺] 부근으로 추정되고 있다.

선사씨가 왜국 내에서 성장할 수 있었던 것은 앞서 언급한 왕진이와 소가씨(蘇我氏)와의 관계에서 비롯되었다. 소가씨는 원래 야마토국 다카이치군[高市郡]에 있었던 기나이 유력씨족이다. 제2의 거점으로 가와치의 이시가와[石川]지방으로 진출했고, 6세기에 이르러 중남부지역까지 그 세력을 확장했다. 그 과정에서 왜국의 주요 항진(港津)을 중심으로 거주하던 가와치 중남부의 선사씨를 비롯한 많은 백제계 도왜씨족들과 교류를 가졌다.

이러한 배경속에서 선사씨는 왜국에서 대외관계뿐만 아니라 문필분야에서도 커다란 업적을 남긴다. 645년 6월 이른바 을사의 변 때, 소가노이루카[蘇我入鹿]가 나카노오오에[中大兄]황자 등에게 살해당하자 그의 아버지인 소가노에미시[蘇我蝦夷]가 자살하면서 자신의 집에 불을 질러 진귀한 보물들과 「천황기(天皇記)」·「국기(國記)」를 불태웠다고 한다. 이때 선사혜척(船史惠尺)이란 인물이 「국기」를 불 속에서 건져내어 황자에게 바쳤다. 이 사건은 선사혜척이 소가씨의 주도아래 「천황기」와 「국기」편찬에 관여하였음을 말해주며, 선사씨가 고대 일본의 역사 편찬에도 참여하는 등 사관(史官) 집안으로서 이름을 떨치는 계기가 되었다.

선사씨는 이후 소가씨에 이어 정권을 장악한 후지와라씨[藤原氏]와도 긴밀한 관계를 맺으며 성장하게 된다. 선사씨 출신 승려인 도소(道昭)는 후지와라씨 집안의 자제들과 인연을 쌓고, 연경(延慶)은 후지와라씨 집안의 교육을 담당하면서 『등씨가전(藤氏家傳)』편찬에도 관여하였다.

한편 8세기에 들어와 율령과 『일본서기』 편찬에도 선사씨의 후손들이 참여하고 있다. 율령과 『일본서기』 편찬에는 백제멸망 후에 도왜한 백제유민 또는 2세들도 가담하였다. 이렇듯 백제계 도왜인들이 율령국가의 기틀이 되는 율령과 역사서 편찬에 참여하였다는 것은 이들이 고대 일본사회에 동화되어 가면서도 전통적인 직능과 경험을 바탕으로 계속해서 정치적·문화적으로 성장해 나갔음을 의미한다.

757년 시행된 양로(養老)율령에는 '동서사부(東西史部)' 자제들의 대학입학규정 가운데 그 이전부터 '사관', '박사'로 실적을 쌓은 것을 우대하고 있다. 이것은 8세기 백제계 도왜씨족들이 대학에 입학하거나 관리로서 임용되는데 유리했음을 말해준다. 그 만큼 6~7세기 대 선사씨를 비롯한 백제계 씨족들이 백제왕의 후예로서 동족계보를 형성하고 사관이라는 임무를 맡았다는 사실이 이후에도 계속 기득권과 특권으로 남았다고 할 수 있다. 그 대표적인 인물이 797년 『속일본기』 편찬에 가담한 진련진도(津連眞道)이다. 진련진도는 왕진이의 후예씨족인 진사씨의 후손으로 의자왕의 후손인 백제왕씨와도 긴밀한 관계를 유지하며 고대 일본에서 가장 유능한 문인으로 추앙받기도 한다.

고대 교통로를 관리하던 백저사씨

백저사씨(白猪史氏)가 거주하던 오사카부 후지이데라시[藤井寺市]는 나니와에서 아스카로 들어가는 야마토가와와 이시가와의 합류지점에 위치한다. 고대 이래 오오츠미치[大津道]라는 대륙문물 루트가 통과하는 곳이다. 6세기에 들어와 나니와항에 국가적인 항만시설의 정비가 이루어지면서, 백저사는 이곳을 통과하는 물자의 기록, 운송, 보관 등의 일을 수행했다. 후지이데라시 주변에는 4~6세기에 걸쳐 많은 굴식돌방무덤이 축조되었다.

백저사씨가 가와치 지역에 뿌리를 내리는 데는 선사씨와 마찬가지로 소가씨와 밀접한 관련이 있었다. 소가씨는 키비[吉備], 즉 현재 오카야마현[岡山県]과 히로시마현[広島県]의 동부 5군에 직할지인 미야케를 설치하고, 이곳의 관리와 운영을 백저사씨에 맡겼다. 소가씨의 둔창 개발 및 경영권은 소가씨 세력의 확장을 의미하며, 백저사씨가 그 브레인 역할을 수행했던 것이다. 한편 후지이데라시에서 멀지 않는 곳에 동족인 선사씨를 비롯한 곤지의 후손인 아스카베씨도 거주하고 있었기 때문에 백제계 도왜씨족들간의 교류와 협력체계도 이루어지고 있었던 것은 아닐까 한다.

이러한 백저사씨 또한 백제불교를 신봉하고 불교확산에 이바지하였다. 백저사씨의 씨사였던 후지이데라는 출토기와를 통해서 아스카시대 후반에서 하쿠오시대에 창건된 것으로 추정되고 있다. 하지만 백저사씨의 불교수용은 씨사의 건립보다 이른 시기였을 것으로 여겨진다. 왜냐하면 후지이데라 주변에는 현재까지 아스카시대 전기양식의 소변연화문 기와가 출토되는 백제계 사찰들이 흔적이 남아 있기 때문이다. 이를 기반으로 이후 백저사씨 출신인 경준(慶俊) 등은 하쿠오[白鳳]·나라[奈良]의 불교계에도 큰 족적을 남겼다.

한편 백저사씨 일족은 율령 찬정에도 참여하였다. 701년 다이호[大寶]율령 찬정에 참여한 19명의 인물 가운데 백저사골(白猪史骨)이 보인다. 백저사골은 당대 최고의 권력집안인 후지와라씨의 총예를 받으며 율령찬정에 참여하였는데, 이후 그 후손들이 문인으로 성장할 수 있는 발판을 마련하였다. 갈정련광성(葛井連廣成, 백저사씨는 이후에 갈정련이라는 씨명으로 바꿈)은 고대 일본 최고의 시가집인 『만엽집』과 『회풍조』에 많은 한시를 남기고 있을 정도로 당시 문인으로 명망이 높았다.

이처럼 백저사씨를 비롯은 왕진이 후예씨족들은 자신들이 거주하던 지역의 지리적 이점을 이용하여 경제·문화적으로 성장했고, 정치·외교적으로도 두각을 나타내기 시작했다. 그 결과 가와치 지역의 여러 도왜계 씨족들 가운데 중추적인 위치를 점할 수 있었다고 생각된다.

5. 전변사씨, 왕실과 권력가 자제들의 양육과 교육을 책임지다

전변사씨는 기록에 의하면 한(漢)왕조의 후예인 지총(知惣)의 후손이라고도 하고, 백제계 씨족이라고 한다. 현재 전변사씨는 원래 대방군 지역 출신으로 대방군 멸망 이후 백제에 정착해 살다가 왜국으로 건너 간 씨족일 것으로 판단되고 있다. 전변사씨의 본거지는 가와치국 아스카군[安宿郡], 현재 오사카 가시하라시[栢原市]의 타나베[田邊] 지역이었다. 같은 백제계 씨족인 서문씨보다 늦게 도왜한 후 서문씨와 혼인관계를 맺고 가와치 지역에 자리 잡았다.

그런데 전변사씨는 가와치 지역에 정착한 후 서문씨보다 더욱 승승장구하며 백제계 씨족으로서 그 위상을 드높인다. 그 이유는 전변사씨가 고대 일본 왕실과 최고 권력가의 자제들의 양육과 교육을 책임지면서 그 정치적 입지가 높아졌기 때문이다.

일본 고대 여러 자료에 의하면 8세기 당시 최고의 권력자였던 후지와라후이토[藤原不比等]가 전변사대외(田邊史大隈)의 집에서 양육되었다고 한다. 이 때문인가, 후히토라는 이름이 전변사의 '사(史)'를 따서 지어졌다. 일본 사서에는 후히토의 한자 이름이 '불비등(不比等)'으로 기록되어 있지만, 기타 자료에는 '사'라고도 나온다. 불비등과 사 모두 일본식 발음으로 후히토이다. 당대의 최고 권력자인 후히토가 전변사 집안에 애착을 갖고 있었을 것이라고 상상하는 것은 어렵지 않다. 게다가 불비등의 딸 고묘코[光明子, 후에 쇼무천황의 황후]의 휘가 아스카노히메[安宿媛]이었다는 점은 당시 불비등 집안의 자녀 양육을 전변사씨가 담당했다는 것을 말해준다. 한편 지토천황[持統天皇]도 어렸을 때 아스카베씨 집안에서 양육되었다고 한다. 아스카베씨는 널리 알려진 바와 같이 백제 곤지의 후예씨족이다.

타나베데라 전경

　이렇듯 지토천황과 후지와라후히토, 고묘코 모두 백제계 씨족에게 양육됐다는 공통점이 있다. 이러한 점은 무시할 수 없다. 황족출신의 황후가 낳은 황태자에 의한 황위계승의 전통이 없어지고, 후지와라씨 출신의 여성을 황후로 맞이하였다. 후지와라씨 출신의 황후가 낳은 어린나이의 황태자를 즉위시키고, 후지와라씨가 섭정으로 천황을 보좌한다는 형식은 이후 헤이안시대 섭관(攝關)정치로 계승된다. 그 기원이 바로 후이토를 중심으로 백제계 씨족에 의해 양육된 여성들에 의해 시작된 것이다.

　전변사씨는 정치적 입지를 확고히 하면서 학식에도 능한 인물들을 다수 배출하였다. 앞서 언급한 701년 다이호율령 편찬에는 백저사씨 출신 인물과 함께 전변사씨 집안에서 두 명이나 참여하였다. 당시 율령 편찬에 참여한 인물들은 당대 최고의 지식인이자 문장가들이었다. 이 가운데 전변사백기(田邊史百枝)와 전변사수명(田邊史首名)이라는 인물이 눈에 띈다. 백기는 『회풍조』에 한시를 남기고 있으며 대학박사의 지위에까지 오른다. 이밖에 『만엽집』에는 전변사씨 출신의 인물들의 글이 다수 남아 있어 전변사씨가 문필 집안으로도 성장했음을 보여주고 있다.

이러한 전변사씨의 본거지인 타나베 지역에는 타나베데라[田邊寺]가 있었다. 현재는 폐허가 되어 그 흔적만 남아았지만 조사결과 백제식 가람양식-남북일직선상의 1탑 1금당식-과 와적기단 형식을 갖춘 전형적인 백제식 사찰임이 밝혀졌다. 또한 사찰 동쪽에 있는 타나베고분군은 7세기 대에 조영된 것으로 굴식돌방무덤이 다수를 점하고 있다.

한편 사찰터 가까이에 있는 야산에서는 '선왕후묘지(船王後墓誌)'가 출토되었다. 선왕후라는 인물은 왕진이의 후손으로 일본에서 7세기 전반에 정치, 문화적으로 활약했던 고위관료였다. 641년에 사망하여 668년에 부인과 함께 합장되었다. 그런데 이곳에 선왕후의 무덤이 조영되었다는 것은 전변사씨와 선사씨의 밀접한 관계까지 엿볼 수 있게 한다.

이와 같이 가와치의 백제계 도왜씨족들은 서로 관계를 형성하면서 정치·경제적으로 성장하였고, 이 과정에서 기나이의 유력씨족들 뿐만 아니라 왕실과도 밀접한 관계를 맺었다고 여겨진다. 그 배경으로는 무엇보다 자신들이 거주하던 지역의 지리적 이점과 출신을 이용하여 백제로부터 불교와 같은 선진문물이나 지식 및 기술 등의 유입을 계속해서 받아들여 문화적 성장을 이룩할 수 있었다는 점을 들 수 있을 것이다.

답사를 마치고

노중국(계명대학교 명예교수)

"일본서기 윤독회"는?

이번 일본 오사카 지역(옛 가와치 지역) 유적지 탐방의 주체는 "일본서기 윤독회"이다. "일본서기 윤독회"는 백제사 연구를 한 차원 진전시키기 위해『일본서기』를 함께 읽고 토론하는 목적으로 백제학회 산하에 만들어진 조직이다. 720년에 만들어진『일본서기』에는 한국과 관련한 많은 기사들이 있다. 여기에는 우리나라 고대사 연구에 기본 자료인『삼국사기』나『삼국유사』에 보이지 않는 내용들도 있다. 특히 삼국 가운데 백제와 관련되는 기사가 많다.

그렇지만 이 기사들 가운데는『일본서기』편찬자들이 고대 천황체제 확립을 위해 일본을 중심으로 고대 한일 관계를 왜곡하고 윤색한 경우가 많다. 그래서 이 자료를 이용하여 우리나라 고대사를 연구하려면 기사 하나 하나에 대해 면밀하게 검토하고 그 기사에서 역사적 사실이 무엇이고 어느 부분이 왜곡되고 윤색되었는지 밝혀내야 한다. 그러기 위해서는 여러 사람이 같이 읽고 토론하는 것이 필요하다. 그래서 "일본서기 윤독회"가 만들어졌다.

이 윤독회에는 문헌 중심으로 백제사를 연구하는 교수들, 고고학 자료를 중심으로 백제사를 연구하는 연구자, 대학원 석·박사 과정생, 학부생들도 참여하고 있다. 윤번을 정해 돌아가면서 본문을 읽고 해석하고 사건에 대해 토론한다. 이처럼 다양한 구성원들로 이루어진 연구팀이 학회 산하에 있는 경우는 별로 없다. 그만큼 이 윤독회는 의미가 있는 모임이다. 처음에는 충남대학교에서 모임을 가졌지만 지금은 공주대학교에서 모임을 계속하고 있다.

한 달에 두 번 모이는 이 윤독회는 이미 모임 횟수가 100회를 넘었다. 100회 모임 때는 이를 기념하기 위해 『일본서기』에 보이는 일라(日羅)라는 인물을 주제로 하여 백제학회에서 학술발표회를 가지기도 하였다.

가와치 지역을 탐방 대상으로 하다

백제는 강과 바다의 나라였다. 황해도에서 경기도, 충청도, 전라도에 이르는 백제의 영역 한에는 예성강, 임진강, 한강, 금강, 만경강, 동진강, 영산강, 섬진강들이 흐르고 있다. 서해안과 남해안을 끼고 있어 곳곳에 있고 많은 섬들이 있다. 이런 자연 조건으로 말미암아 백제는 개방성과 국제성이 강한 나라였다. 그래서 중국의 선진 문물을 받아들여 자신의 문화 수준을 높이고 자신만의 독특한 문화로 발전시켰다. 그리고 이 문화를 주변 나라에 전파해 주었다. 이른바 문화외교를 한 것이다.

무엇보다도 왜는 백제로부터 선진문화를 많이 받아들였다. 그에 따라 일본열도에는 백제의 문화 흔적이 많이 남겨졌다. 일본열도에 남아있는 백제와 관련한 많은 지명을 비롯하여 발굴을 통해 확인된 백제와 깊은 관계를 갖는 사찰, 고분, 유물들이 이를 말해준다. 이러한 백제문화의 흔적들은 왜로 건너간 백제인들이 일본열도에서 정치, 문화, 종교, 학술, 기술, 예술 등등 여러 방면에서 큰 역할을 하였음을 보여준다. 때문에 일본열도에 남아 있는 이러한 백제의 문화 흔적을 확인하고 그 의미를 밝히고 그 성격을 규명하는 것은 사료가 상대적으로 부족한 백제사를 연구하는데 많은 도움을 준다.

오사카 지역은 일본 고대에는 가와치 지역이라고 하였다. 가와치 지역은 서쪽으로는 오사카만에 접해 있어 해상 교통의 관문이었다. 또 가와치 지역과 야마토 지역 사이에는 이코마산[生駒山]이 가로놓여 야마토 지역을 지켜주는 최후 방어선의 역할을 하였다. 이 가와치 지역에는 나라분지에 못지않게 대규모의 전방후원분이 조영되었다. 또 이곳에는 백제와 깊은 연관을 갖는 유적이나 설화 등이 남아 있다.

가와치 지역에 대한 이해는 일본고대사를 이해하는 중요한 토대가 된다. 가와치 지역에서 확인되는 고고학적 유적과 유물은 고대 한반도와 일본열도 사이의 문화 교류의 양상을 파악하는데 중요한 단서를 제공하며 동시에 한반도에서 건너온 도왜인들의 활동과 삶의 모습을 살펴볼 수 있게 한다. 이를 직접 눈으로 확인하고 그 의미를 살펴보기 위해 "일본서기 윤독회"는 이번 유적 탐방의 대상지로 가와치 지역을 선택하고 이곳에 남아있는 백제 문화의 자취를 찾아보기로 하였다.

뜻하지 하지 않은 현장 경험과 일본인 연구자의 유익한 안내

유적지 탐방은 언제나 즐겁다. 가보지 못한 곳을 가본다는 것도 즐겁고, 전에 가 보았지만 새로운 시각에서 보면 또 새롭게 보이는 것도 즐겁다. 유적지를 보면서 이 유적을 남긴 당시 사람들을 상상해 보는 것도 즐겁다. 혼자 가는 것도 재미있지만 목적을 같이 하는 사람들끼리 함께 가는 것은 더재미가 있다. 관심을 같이 하기 때문에 하나의 유적이나 유물을 보아도 다양한 시각에서 해석을 하고 의견을 주고받을 수 있기 때문이다. 답사 지역의 자연 경관을 살피고, 교통로를 따져보고, 유적의 성격에 대해 토론한 것은 이번 답사에서 얻은 소중한 경험이었고 이는 유적에 대한 이해를 보다 깊게 할 수 있게 하였다.

탐방 때에는 운도 따라주어야 한다. 날씨도 좋아야 하고, 탐방팀 한 사람이라도 아프거나 낙오하는 사람이 없어야 한다. 이번 탐방팀은 운도 좋았다. 오가타시[大縣市]의 단야(鍛冶) 유적 발굴 현장을 볼 수 있었기 때문이다. 일본에서 중요 유적이 발굴되었을 경우 언론 보도를 통해 알 수밖에 없다. 또 이 현장을 보려면 별도로 짬을 내어야 한다. 그러나 우리는 답사 중에 단야 유적 발굴 현장을 보면서 유적의 성격에 대한 설명을 들을 수 있었다. 흔치 않은 기회였다. 이 유적은 제철유적이라고 한다. 발굴 중인 유적 현장을 직접 보고 발굴 책임자로부터 유적의 성격과 유물에 대해 설명을 듣는 것은 더 없는 기쁨이었고 행운이었다. 따가운 햇살 아래 땀을 흘리며 발굴하는 발굴단의 모습이 고생스럽다는 생각도 하면서 아름답다는 생각도 들었다.

하비키노시에서는 야츄지[野中寺]를 둘러 본 이후 사이린지[西琳寺]로 가는 중에 이 동네 사람들이 하는 미츠리[祭り]를 보았다. 이날은 서림사의 마츠리가 있는 날이었기 때문이다. 마츠리를 빼놓고는 일본을 설명할 수 없다고도 한다. 비록 작은 동네의 마츠리이지만 이 마츠리를 통해 이 동네 사람들이 공동체 정신을 가꾸어가는 것을 엿볼 수 있었다.

해외 답사를 하면서 유적 현장을 볼 때 그 지역의 전문가로부터 설명을 듣는 것도 큰 특전이다. 이번 탐방 때 답사하는 곳마다 사전에 연락해 둔 그 지역 전문가의 도움을 받았다. 유적 현장에서 전문가의 설명을 듣고, 중요한 유물을 보고, 서로의 의견을 교환하고 토론하였다. 이는 해당 유적을 어떤 각도에서 이해하고 백제와의 관계를 어떻게 이해해야 하는가에 대한 이해를 높이는데 크게 도움을 주었다. 전문가와의 만남과 의견 교환은 우리들에게는 큰 다행이라 하지 않을 수 없다.

배워야 할 전시 기법들

이번 답사에서 박물관 전시나 유적 현장의 보존상태를 보면서 배울 점도 적지 않았다. 사야마이케[狹山池] 박물관에서 이 저수지의 물을 이용하여 농사를 짓은 몽리 면적이 시기에 따라 변화한 모습을 볼 수 있도록 해둔 것은 저수지가 구체적으로 어느 정도 활용되었는가를 이해하는데 큰 도움이 되었다. 오사카박물관에서도 오사카만의 고지형을 복원하여 시대에 따라 변화상을 볼 수 있도록 하였다. 현재의 지형이 고대에는 어떠한 지형이었는지를 보여주어 고대인의 삶을 이해하도록 한 것은 역사 이해의 좋은 방법으로 생각되었다. 우리나라 박물관의 경우에도 고지형의 변화를 시대에 따라 보여주었으면 하는 바램을 가져보았다.

오사카시의 중심지에 오사카역사박물관이 있다. 10층에 위치한 고대관에 실제 크기로 재현한 나니와궁의 태극전 내부와 이 나니와궁을 설명해주는 애니메이션과 웅장한 사운드, 그리고 오사카시의 전경을 한눈에 바라볼 수 있도록 한 전망창은 역사 유적의 의미와 가치를 깨닫게 해주었다. 그리고 박물관 건립 과정에서 확인된 나니와 궁터는 훼손하지 않고 박물관 건물 지하에 그대로 보존하여 유적 전시관으로 활용하고 있고, 나니왕궁의 태극전을 비롯한 건물지들은 지하에 그대로 보존하면서 지상에는 건물의 기초부를 표현하여 현장 전시관으로 활용하고 있다. 또 이 부근을 지나는 고가도로는 유적 현장보다 높지 않도록 설계하여 유적의 경관을 훼손하지 않도록 배려하였다. 이러한 조치들은 역사 유적을 아끼고 이를 시민들과 공유하려는 의지의 소산이라 할 수 있다. 사야마이케박물관에는 저수지 제방 발굴에서 확인된 제방의 단면을 실물 크기 그대로 떠 옮겨 전시하여 관람객들이 제방의 크기, 제방의 축조 방법, 수통의 설치 방법과 수통의 모양, 보수하고 개축한 모습 등을 한 눈에 볼 수 있도록 하였다.

한성백제박물관도 사야마이케박물관의 영향을 받아 전시관 안에 풍납토성 성벽을 실물 크기 그대로 떠와서 전시해 주어 관람객들로 하여금 풍납토성의 규모가 어느 정도인지를 느낄 수 있도록 하였다. 그렇지만 이것으로 만족할만한 것은 아니다. 한성도읍기 백제의 수도였던 풍납토성에는 지하 4~5m에서 백제 유적이 고스란히 남아 있다. 풍납토성 발굴에서 확인된 중요 유적도 시민들이 공유할 수 있도록 현장 전시관을 만드는 것이 필요하다. 또 백제가 축조한 김제 벽골제도 제방의 단면을 조사한 결과 저수지 제방의 축조 모습이 잘 드러났다. 이 유적도 현장 전시관으로 활용하여 많은 관광객들이 저수지의 의미를 되새길 수 있었으면 하는 바램을 가져 보았다.

가와치 지역에서 확인된 도왜인의 활동과 백제문화

이번 답사팀에서는 왜로 건너가서 활동한 사람들을 도왜인으로 표현하였다. 일본학계에서는 바다를 건너 일본으로 왔다는 의미에서 도래인으로 표현하고 있다. 그러나 이들이 일본으로 건너간 출발지를 중심으로 생각하면 도왜인으로 표현하는 것이 좋다고 생각해서이다.

이들이 왜로 건너간 사유는 정치적 이유, 경제적 이유 등등 다양하였다. 이 가운데서 역사서에 이름에 이름이 있으면서 일본 현지에도 관련 유적이 인물로는 의자왕의 아들 선광의 후손인 백제왕경복과 그가 세운 백제사(百濟寺), 개로왕의 동생으로 왜에 사신으로 갔다가 문주왕대에 귀국하여 활동하다가 죽은 곤지와 그를 모신 아스카베 신사, 왜에 『논어』와 『천자문』

등을 전해준 왕인과 그의 묘 유적 등을 들 수 있다. 백제사나 아스카베 신사는 백제계 도왜인들의 만남의 공간이자 종교적인 공간이었음은 분명한 사실이다.

이외에 가와치 지역에는 백제에서 건너갔지만 이름을 알 수 없는 도왜인들이 남긴 유적이나 유물 또는 백제로부터 문화적 영향을 받아 만들어진 유적들이 많았다. 중문-탑-금당을 중심축으로 하고 좌우 회랑과 승방으로 이루어진 신도하이지의 가람 구조는 정림사지의 가람 구조와 같은 모습을 보여주었다. 사야마이케박물관에 전시된 제방과 거기에서 확인된 부엽공법, 판축공법 등은 백제의 풍납토성, 부여나성과 부소산성, 김제 벽골제의 제방 발굴에서 확인된 공법의 영향임을 확인할 수 있었다. 시조나와테[四條畷] 유적에서 확인된 말뼈와 말 사육과 관련한 유적은 아직기가 왜에 목마 기술을 가르쳐 주었다는 기록과 연관시켜 볼 수 있는 유적으로 주목되었다. 가시와라시[栢原市]의 횡혈식석실분인 다카이다야마[高井田山] 고분에서 출토된 다리미는 무령왕릉 출토 다리미와 매우 유사하여 무령왕대의 문물이 왜로 들어간 것을 보여준다. 반면에 무령왕릉에서 출토된 왕과 왕비의 시신을 넣은 일본산 금송으로 만든 목관은 왜계 문물이 백제에 들어온 것을 보여준다. 또 다카이다야마 고분 주변에 벽면에 굴을 파서 시신을 안치한 횡혈묘는 부부합장묘 뿐만이 아니라 가족묘도 조성한 것이다. 이 횡혈묘는 공주 장선리에서 발굴조사된 횡혈묘와 유사성을 갖는다.

백제역사유적지구의 세계유산 등재와 고대 동아시아공유문화권의 형성
중국대륙과 한반도 그리고 일본열도는 고대동아시아공유문화권을 형성하였다. 공유문화권의 핵심적인 내용은 의사소통의 도구로서의 한자, 정치이념으로서의 유교, 종교 신앙으로서의 불교 그리고 국가 및 사회질서를 유지하는 법률(율령)이었다. 중국에서 먼저 만들어진 이러한 요소들을 백제와 고구려가 먼저 받아들였다. 그렇지만 신라, 가야, 왜는 이러한 문화들을 중국과 직접 교섭하면서 받아들인 것은 아니었다. 이러한 요소들을 신라, 가야, 왜에 전해준 것은 백제였다. 이리하여 백제는 동아시아공유문화권 형성에 중심축의 역할을 하였다. 이를 보여주는 물적인 증거가 바로 일본열도에 보이는 불교 관계 유적, 유교 관련 유적 등이었다.

이러한 요소 가운데 일본열도에 가장 많이 남아있는 백제문화의 영향은 불교관련 유적이었다. 백제는 538년에 왜에 불교를 전하였다. 그러나 불교를 수용하는 과정에서 전통적인 신앙을 고수하려는 모노노베씨(物部氏)와 불교를 받아들여 신봉하려는 소가씨(蘇我氏) 사이에 갈등이 일어났다. 결국 소가씨 세력이 모노노베씨 세력을 제압함으로써 일본열도에 불교가 퍼져나가게 되었다.

백제가 왜에 불교를 전했다고 할 때 불경 경전을 전해주는 것이나 신앙 양식만을 전해주는 것은 아니었다. 여기에는 불상을 만드는 기술, 사찰 구조와 사찰을 짓는데 필요한 토목건축 기술은 물론 필요한 물건들을 제작하는 제작 기술들도 함께 전해지기 마련이다. 또 백제식 불교 의례와 신앙 양식도 전해졌다. 이번 답사는 이를 현장에서 다시 한 번 확인하는 기회가 되었다.

백제가 왜에 전해준 이러한 이념과 기술은 백제문화의 탁월한 보편성을 잘 보여주는 것이었다. 2015년 7월 4일 독일 본에서 열린 유네스코 세계유산위원회에서 공주·부여·익산 백제역사유적지구가 세계유산으로 등재 결정되었다. 한국으로는 12번째의 세계유산이다. 세계유산으로 등재되기 위해서는 탁월한 보편적 가치(OUV ; Outstanding Universal Value)를 가지고 있어야 한다. 그리고 이 탁월한 보편적 가치는 (i)인간의 뛰어난 창조성 (ii)인류 보편적 가치의 교류 (iii)사라진 문명에 대한 독보적 증거 등 6개의 기준 가운데 하나 이상을 충족해야 한다.

　백제를 중심으로 한·중·일의 고대 왕국들 사이에 이루어진 불교의 확산, 건축 기술의 혁신 등을 가져온 활발한 교류는 등재기준 (ii)를 충족시켰다. 석탑 건립, 토심석축의 토목 기술, 와적기단 기법, 3탑3금당의 가람 구조 등 백제유산만이 가지는 독보적 증거는 등재 기준 (iii)을 충족시켰다. 동시에 백제유산은 진정성과 완전성을 확보하고 있고, 적절한 보존관리 계획도 수립되어 있었음을 인정받았다.

　세계유산으로 등재됨으로써 백제유산은 이제 대한민국의 유산만이 아니라 세계인이 함께 향유하고 보존하고 자랑하고 후대에 길이 남겨주어야 할 유산이 되었다. 백제역사유적지구가 세계유산이 된 데는 백제가 고대동아시아에서 인류 보편적 가치 교류의 핵심에 서 있었기 때문이다. 이러한 교류의 모습은 이번에 우리들이 탐방한 가와치 지역 곳곳에 남아있는 백제문화의 흔적들에 의해 입증되었다. 이는 이번 탐방의 의미를 더욱 돋보이게 하였다.

일본 연구자들과 한국 답사팀

일본에 남은 문화강국 백제의 발자취 I

한류 열풍의 진앙지
일본 가와치 河內

지은이 | 양기석·노중국 외
펴낸이 | 최병식
펴낸날 | 2016년 8월 8일
펴낸곳 | 주류성출판사 www.juluesung.co.kr
　　　　서울특별시 서초구 강남대로 435 주류성빌딩 15층
　　　　TEL | 02-3481-1024(대표전화)·FAX | 02-3482-0656
　　　　e-mail | juluesung@daum.net

값 18,000원

잘못된 책은 교환해 드립니다.

ISBN 978-89-6246-282-1 04910
ISBN 978-89-6246-281-4 04910 (세트)